ernst reinhardt

Paul Häb

Die Stadt erleben – 50 erlebnispädagogische Aktionen für Menschen mit Beeinträchtigungen

2., durchgesehene Auflage

Mit 19 Abbildungen und 1 Tabelle

Ernst Reinhardt Verlag München

Paul Häb, Heilerziehungspfleger, Heilpädagoge, zertifizierter Waldpädagoge und City-Bound-Trainer, ist derzeit als Referent für Jugend und Schule tätig und gibt zudem bundesweit City-Bound-Workshops. Mehr Informationen und Kontakt zum Autor unter: citybound.hp@gmail.com und www.citybound.org

Bibliografische Information der Deutschen Nationalbibliothek

Die Deutsche Nationalbibliothek verzeichnet diese Publikation in der Deutschen Nationalbibliografie; detaillierte bibliografische Daten sind im Internet über <http://dnb.d-nb.de> abrufbar.

ISBN 978-3-497-02964-8 (Print)
ISBN 978-3-497-61329-8 (PDF-E-Book)
ISBN 978-3-497-61330-4 (EPUB)
2., durchgesehene Auflage

Printed in EU
Cover unter Verwendung von Fotos von © iStock.com/ferrantraite und © iStock.com/albertc111
Satz: JÖRG KALIES – Satz, Layout, Grafik & Druck, Unterumbach

Ernst Reinhardt Verlag, Kemnatenstr. 46, D-80639 München
Net: www.reinhardt-verlag.de · E-Mail: info@reinhardt-verlag.de

Inhalt

Verzeichnis der City-Bound-Aktionen **7**

Einleitung **8**

Teil I – Grundlagen **10**

1 Was ist Erlebnispädagogik? **11**

2 Wer kann City-Bound-Aktionen mit Menschen mit Beeinträchtigungen umsetzen? **13**

3 Was ist City Bound? **14**

4 City Bound im heilpädagogischen Praxisfeld **16**
4.1 Was ist City Bound im heilpädagogischen Praxisfeld? 16
4.2 AdressatInnen 17
4.3 Einsatzbereiche 18

5 Ausgangssituation der TeilnehmerInnen **19**

6 Das Potenzial von City Bound **21**

7 Leitideen **25**

8 Lernen auf unbekanntem Terrain **27**

9 Die Leitung **30**
9.1 Kompetenzanforderungen an die Leitung 30
9.2 Die Rollen der Leitung 32

10 City Bound im Vergleich **33**

Teil II – Planungshilfen 37

1 Einteilung der Aktionen 38

2 City Bound unter Berücksichtigung unterschiedlicher Beeinträchtigungen 39
2.1 Praxishinweise zu geistiger Beeinträchtigung 39
2.2 Praxishinweise zu körperlicher Beeinträchtigung 41
2.3 Praxishinweise zu Blindheit und Sehbeeinträchtigung 42
2.4 Praxishinweise zu Hörschädigung 44
2.5 Praxishinweise zu herausforderndem Verhalten 45
2.6 Praxishinweise zu Lernbeeinträchtigung 46

3 Auswahl der Aktionen 47

4 Checkliste für die Leitung 49

5 Hinweise zum Einsatz der City-Bound-Aktionen 51
5.1 Grundlegende Informationen 51
5.2 City-Bound-Programme 52
5.3 Anzahl an TeilnehmerInnen 53

Teil III – City-Bound-Aktionen 56

1 Hinweise zur Darstellung der City-Bound-Aktionen 57

2 50 City-Bound-Aktionen 60

3 Eigene City-Bound-Aktionen entwickeln 102

Teil IV– Reflexion 106

1 Reflexion – der Schlüssel zum Transfer 107
1.1 Reflexionsphasen 108
1.2 Reflexionsmethoden 110

Literatur 114

Verzeichnis der City-Bound-Aktionen

Akustischer Tumult 60
Barrierefreie Reise 61
Besichtigung von Neuland 62
Blickwinkel 63
Brieffreundschaft 63
Darf ich vorstellen 64
Designertasche 65
Ein Herz für die Umwelt 66
Erlebnisse buchen 66
Fantasiemensch 67
Film ab! 68
Fit macht Fun 69
Fliegende Fische 70
Flohmarkt 71
Freude im Glas 71
Für Dich 72
Gemeinsam Vielfältiges erleben . 73
Gute Reise 74
Jahreszeitendokumentation 74
Journalist 75
Karaokespaß 76
Klettermax 77
Kunst zum Anfassen 78
Lichterfunkeln 79
Liebesschloss 80
Multikulti-Sprachen 81
Nadel im Heuhaufen 82
Novembertage 83
Perfektes Dinner 83
Persönliche Herausforderung 84
Perspektivwechsel 85
Picknick 86
Preisvergleich 87
Profi in eigener Sache 88
Second Hand 89
Seelenentspannung 89
Stadtführung 90
Stadtkonzert 91
Stadtrallye 92
Stadttauben 92
Straßenschilder und Co. 93
Theaterperformance 94
Unbekanntes Terrain 95
Von A bis Z aufgeklärt 96
Waldfreude 97
Walkie-Talkie-Tour 97
Weniger als zwanzig 98
Zeit, die läuft 99
Zeitwächter 100
Zielroute 101

Einleitung

„Das Leben ist ein Risiko. Mehr Risiko kann auch mehr Leben bedeuten."
(Henrik Ibsen)

Etwas zu riskieren, sich zu überwinden, sich überraschen zu lassen, sich die Welt selbstständig zu erschließen, Freizeit nach eigenem Belieben zu planen und Herausforderungen zu meistern, gestaltet das alltägliche Leben abwechslungsreich und spannend. In der Konfrontation mit dem Unbekannten liegt das Potenzial persönlichen Wachstums. Welche Situationen bieten Menschen mit Beeinträchtigung die Möglichkeit, risikobereit zu sein, sich mit dem Unbekannten auseinander zu setzen und Abenteuer zu erleben? Diese Fragestellung nimmt eine wegweisende Position im vorliegendem Fachbuch ein und wird beantwortet, indem Heilpädagogik auf das erlebnispädagogische Konzept City Bound trifft, das sich den Erlebnisraum Stadt zu Nutze macht.

Bei dem zugrundeliegendem Konzept handelt es sich um eine Weiterentwicklung von City Bound für die Zielgruppe von Menschen mit Beeinträchtigung, da sich das Konzept in seinem Ursprung an Menschen ohne diagnostizierte Beeinträchtigung richtet. Die Modifikation des Konzeptes ist aber nicht damit gleichzusetzen, dass es von nun an eine spezielle Form von City Bound gibt oder geben soll. Es wird vielmehr eine entsprechende Anpassung der ursprünglichen Grundlagen für das heilpädagogische Praxisfeld dargestellt. Denn „Heilpädagogik [ist, Anm. d. Verf.] Pädagogik […] und nichts anderes!" (Moor 1974, 273). Die praktische Erprobung kam zu folgendem Ergebnis: Behinderung stellt keine Barriere für die Durchführung von City Bound dar. Die Stadt ist ein Lern- und Erlebnisraum für ALLE Menschen. Denn jeder kann etwas riskieren, etwas wagen, sich überwinden, sich überraschen lassen und Herausforderungen meistern. Jeder kann wachsen. Einige Menschen befähigen sich selbst, und einige Menschen können dabei begleitet werden.

Vorliegendes Fachbuch soll PädagogInnen unterschiedlicher Professionen einen Zugang zum Thema City Bound ermöglichen und konkret zu einer Durchführung des Konzeptes mit Menschen mit Beeinträchtigung befähigen. Hierfür bietet die Publikation hinführend einige theoretische Grundlagen, im Folgenden Hinweise zur Planung und Durchführung mit der Zielgruppe, eine vielseitige Ideensammlung von City-Bound-Aktionen und vieles mehr.

Ein ganz besonderer Dank gilt den TeilnehmerInnen und ArbeitskollegInnen, die mit Neugierde und Abenteuerlust an der Erprobung des modifizierten Konzeptes teilgenommen haben. Wertvolle ImpulsgeberInnen waren Daniela Schick, Christoph Scharner, Tanja Klein und Christina Michels. Außerdem möchte ich mich bei den Menschen, die als motivierende und bestärkende WegbegleiterInnen an dem Gesamtprozess beteiligt waren, herzlich bedanken. Wenn in vorliegendem Fachbuch unter anderem von PädagogInnen gesprochen wird, repräsentiert diese Schreibweise die Diversität aller LeserInnen, die sich als weiblich, männlich oder non-binär beschreiben.

Und nun: Haben Sie den Mut, sich auf ein facettenreiches City-Bound-Abenteuer einzulassen und Menschen mit Beeinträchtigungen dabei zu begleiten!?

Mehr Informationen und Kontakt zum Autor unter:
www.citybound.org und citybound.hp@gmail.com.

Teil I
Grundlagen

1 Was ist Erlebnispädagogik?

City Bound und Erlebnispädagogik hängen eng miteinander zusammen. Aufgrund stetig wachsender Einwohnerzahlen in Städten verliert die Natur, die in der klassischen Erlebnispädagogik als Medium genutzt wird, an Alltagsnähe. City Bound ist somit eine schlüssige Erweiterung und ein ergänzender Baustein in der Erlebnispädagogik.

Eine bekannte Definition von Erlebnispädagogik stammt von Heckmair und Michl:

> *„Erlebnispädagogik ist eine handlungsorientierte Methode und will durch exemplarische Lernprozesse, in denen junge Menschen vor physische, psychische und soziale Herausforderungen gestellt werden, diese in ihrer Persönlichkeitsentwicklung fördern und sie dazu befähigen, ihre Lebenswelt verantwortlich zu gestalten" (Heckmair / Michl 2018, 108).*

Das Fundament, auf dem die Erlebnispädagogik aufgebaut ist, findet sich in vier Leitideen wieder (Kamer 2017):

- **Wachstumsorientierung**: Die TeilnehmerInnen werden in erlebnispädagogischen Aktionen herausgefordert, sodass bestimmte Kompetenzen (z.B. die Sozialkompetenz) erweitert werden und die Persönlichkeitsentwicklung positiv beeinflusst wird. Durch das Erleben und die Bewältigung von Grenzerfahrungen werden das Selbstwertgefühl gestärkt und das In-Angriff-Nehmen nachfolgender Herausforderungen ermöglicht. Das eigene Handlungsrepertoire wird ausgebaut. Es erfordert Achtsamkeit seitens der Leitung, den schmalen Grat zu einer Überforderung nicht zu überschreiten. Denn durch das Gefühl von Panik ist kein Wachstum und Fortschritt möglich. Nach dem Prinzip der Freiwilligkeit ist die Leitung verpflichtet, die subjektiv empfundenen Grenzen der Teilnehmenden anzuerkennen (Kinne / Theunissen 2013).
- **Ganzheitlichkeit**: Ein wichtiges Bindeglied zwischen den Fachrichtungen Heilpädagogik und Erlebnispädagogik besteht in dem Prinzip des ganzheitlichen Lernens. Pestalozzis Forderung, Kindern und Jugendlichen ein Lernen mit Kopf, Herz und Hand zu ermöglichen, beeinflusst das pädagogische Handeln grundlegend (Kamer 2017). Das heißt, dass sowohl kognitive Prozesse

(Kopf), als auch Handlungen (Hand) sowie Emotionen (Herz) angeregt bzw. einbezogen werden sollen, damit sich ein ganzheitlicher Lernprozess vollzieht. Vereinfacht gesagt: Das, was ich verstehe (Kopf), kann ich umsetzen. Das, was ich tue (Hand), bewegt mich. Das, was mich berührt (Herz), lässt Spuren in mir zurück. Diesen Spuren wird im Anschluss an erlebnispädagogische Aktionen in Form von Reflexionsprozessen auf den Grund gegangen. Dabei erhalten die TeilnehmerInnen die Chance, ihren Erlebnissen und Empfindungen Ausdruck zu verleihen und diese auf den Alltag zu transferieren.

- **Selbstorganisation**: In der Erlebnispädagogik erhalten die Teilnehmenden den Raum, den sie für selbstgesteuerte Prozesse benötigen, um Verantwortung für das eigene Handeln zu übernehmen. Sie sind selbst für das Gelingen oder den Misserfolg der Aktion verantwortlich. Während der Umsetzung der Aktion werden sie nicht geleitet oder fremdbestimmt. Die Gruppe und die einzelnen TeilnehmerInnen sind gefordert, sich eigenständig zu organisieren. „Der Grad der Selbststeuerung ist dabei ihrer Entwicklung und Kompetenz angemessen zu planen" (Kamer 2017, 14). Die Leitung nimmt sich zurück und ist kein Gruppenmitglied. In gefährdeten Situationen muss die Leitung selbstverständlich einschreiten, da die Sicherheit der Teilnehmenden und das Eingrenzen von Verletzungen physischer sowie psychischer Natur einen zentralen Stellenwert darstellen.

Hinweis: In der Durchführung von City Bound mit der Zielgruppe von Menschen mit Beeinträchtigung kommt es vor, dass die Leitung ebenso Gruppenmitglied ist und somit an dem Selbststeuerungsprozess beteiligt ist.

- **Naturorientierung**: Das Lernsetting ist die Natur. Es gibt vielfältige Naturräume, die es zu erkunden gilt und die Herausforderungen bereitstellen. Sei es eine Wanderung durch die Alpen, das Mountainbiking in den Bergen, eine Kletteraktion im Freien, eine Höhlenbegehung, Kooperationsspiele in der Natur und vieles mehr.

Hinweis: City Bound nutzt überwiegend die Stadt und urbane Räume als Lernmedium.

In der Umsetzung von City Bound orientiert sich die Leitung mit Ausnahme der Naturorientierung ebenso an den aufgeführten Leitideen.

2 Wer kann City-Bound-Aktionen mit Menschen mit Beeinträchtigungen umsetzen?

Die Durchführung des Konzeptes City Bound mit der Zielgruppe der Menschen mit Beeinträchtigung setzt sowohl heilpädagogisches als auch erlebnispädagogisches Grundwissen voraus und fordert die Verzahnung mehrdimensionaler Kompetenzen seitens der PädagogInnen.

City Bound kann im heilpädagogischen Setting von PädagogInnen eingesetzt werden, die mit Menschen mit Beeinträchtigung arbeiten oder mit dieser Zielgruppe zukünftig arbeiten möchten. Es wird ein Grundwissen zu den Themen Heilpädagogik und Erlebnispädagogik (insbesondere City Bound) vorausgesetzt. Die Leitungskompetenzen (Kap. 9) tragen maßgebend zu einer gelingenden Durchführung bei.

Die Publikation spricht in erster Linie Berufsfelder an, die im Arbeitsalltag Menschen mit Beeinträchtigungen betreuen und begleiten. Aufgrund dessen wurde auf eine Darstellung heilpädagogischer Grundlagen und nähere Beschreibungen diverser Beeinträchtigungsbilder verzichtet. Dennoch wird auch ErlebnispädagogInnen die Umsetzung von City Bound mit entsprechender Zielgruppe anschaulich dargeboten.

3 Was ist City Bound?

Um auf die Weiterentwicklung von City Bound für heilpädagogische Praxisfelder einzugehen, bedarf es vorerst der Erläuterung des klassischen City-Bound-Konzeptes. In den 1960er Jahren entstand in den USA die Idee, das Konzept Erlebnispädagogik von der Natur in den städtischen Raum zu transferieren. Die Stadt wurde als Lernort anerkannt und der Titel „City Bound" an den Terminus „Outward Bound" angelehnt (Klein / Wustrau 2014). Der Begriff „Outward Bound" kommt aus der englischen Seefahrt und meint ein gut ausgerüstetes Schiff, das zu großer Fahrt auslaufen kann. Metaphorisch steht dieses Schiff im Sinne von City Bound für gut auf das Leben vorbereitete junge Menschen (Grigowski 2012).

Seit 1993 fungiert City Bound als eingetragene Dienstleistungsmarke in Deutschland (Eichinger 1995). Jedoch hat der Ansatz aufgrund des geringen Bekanntheitsgrades bis 2018 noch keinen „pädagogischen Fuß" im deutschsprachigen Raum gefasst. Die Einsatzfelder und Zielgruppen dieses erlebnispädagogischen Konzeptes sind vielfältig; trotzdem liegt der Fokus in den Praxisfeldern Schule und Jugendhilfe. Hier wird City Bound z. B. im Rahmen von sozialen Trainingskursen oder Berufsvorbereitung eingesetzt. Es werden Kontakt- und Kommunikationsfähigkeiten gefördert, die als Schlüsselqualifizierung für das Berufsleben unabdingbar sind, in der Schule aber kaum vermittelt werden können (Deubzer / Feige 2004).

Als Definition von City Bound führen Klein und Wustrau an:

> *„City Bound schafft erfahrungsintensive und herausfordernde Situationen für eine Gruppe oder auch für Einzelne in der Stadt. Hierzu werden den Teilnehmern meist ungewöhnliche, alltagsfremde – und damit ein gewisses Maß an Mut erfordernde – Aufgaben gestellt, die sie alleine oder in der (Klein-) Gruppe lösen sollen" (Klein / Wustrau 2014, 13).*

Zu den klassischen City-Bound-Aktionen zählt das Gruppenfoto. Dabei sollen sich beispielsweise 25 unbekannte Personen unter Berücksichtigung verschiedener Kriterien zu einem Gruppenfoto aufstellen. Auch das sogenannte Tauschgeschäft gehört zum typischen Aktionenpool. „Tausche einen Apfel so lange gegen etwas Höherwertiges, bis du mit dem Ergebnis zufrieden bist" lautet hier die Aufgabenstellung. Das Handlungsspektrum von City Bound beinhaltet auch die Erkundung kultureller Angebote und weitere Ideen zur Freizeitgestaltung

(Theater, Museen, Kino, Kneipen, Sehenswürdigkeiten ...) und gemeinnützige Aktionen in beispielsweise Altenheimen (Eichinger 1995). City Bound beherbergt aber auch Outdoor-Elemente wie eine Bootsfahrt auf Flüssen und Kanälen, das Zelten in der Stadt oder Fahrradtouren durch diese (Crowther 2005). Trotz einer Unvorhersehbarkeit und Spontaneität, die mit dem Konzept einhergehen, ist City Bound nicht mit einem ziellosen Spazierengehen gleichzusetzen. Die einzelnen City-Bound-Programme werden individuell zugeschnitten. Sie verlaufen prozessorientiert und setzen daher Flexibilität voraus (Grigowski 2012). Ebenso ist die Dauer der Programme variabel (z. B. einmalig ein bis drei Tage oder ein Jahr lang wöchentlich zwei Stunden).

Indem der Hauptschwerpunkt von City Bound in dem Kontakt zu unbekannten Menschen und anderen Lebenswelten liegt, beabsichtigt das Konzept die Förderung der Persönlichkeitsentwicklung, der sozialen Kompetenz sowie der Alltagskompetenz (Eichinger 1995). Das Konzept richtet sich wie auch Outward Bound an die Ganzheitlichkeit des Menschen, da im Mittelpunkt das Lernen und Erleben mit Kopf, Herz und Hand stehen. Um einen Lernprozess in Gang zu setzen, nimmt die Reflexion einen essentiellen Stellenwert ein. Die Leitung von City-Bound-Aktionen benötigt eine pädagogische Ausbildung und im optimalen Fall eine Fortbildung im Bereich City Bound. Im deutschsprachigen Raum befinden sich Anbieter für City-Bound-Programme in Großstädten in Form von gemeinnützigen Vereinen oder Unternehmen mit erlebnispädagogischem Schwerpunkt. City Bound zeichnet sich in der Regel als preiswerter Ansatz aus. Die Kosten für die Aktionen belaufen sich hauptsächlich auf die Materialbeschaffung, Fahrtkosten für alle TeilnehmerInnen und Honorarkosten für die Leitung (Deubzer/Feige 2004).

4 City Bound im heilpädagogischen Praxisfeld

Dieses Kapitel stellt sowohl eine Definition von City Bound als auch die Zielgruppe vor, für die das Konzept weiterentwickelt wurde. Des Weiteren werden die Einsatzgebiete benannt, die in der Umsetzung des Konzeptes in Frage kommen.

4.1 Was ist City Bound im heilpädagogischen Praxisfeld?

> City Bound bietet Menschen mit Beeinträchtigung innerhalb erlebnisorientierter und herausfordernder Aktivitäten, in denen eine Persönlichkeitsentfaltung ermöglicht wird, eine ganzheitliche Auseinandersetzung mit der Welt, die außerhalb ihres Lebensalltags liegt. Dabei spielen Interaktionsprozesse mit unbekannten Menschen und der Erlebnisraum Stadt eine zentrale Bedeutung.

Definition von City Bound in leichter Sprache: Mit City Bound erlebst du Abenteuer in der Stadt.

Der Abenteuerbegriff ist in aller Munde. Was rechtfertigt die Nutzung des Abenteuerbegriffs im Kontext von City Bound? Gilsdorf und Kistner (2015, 16) verbinden den Abenteuerbegriff auch mit Risiko und Wagnis:

> *„Abenteuer bedeutet immer, einen Schritt in bislang unbekanntes Territorium zu wagen. Unbekannte Territorien wollen wir eher als eine psychologische denn eine geografische Größe verstehen. So verstanden bedeutet Risiko, in der Auseinandersetzung mit Neuem und Unbekanntem einen Schritt über die bislang vertrauten Wahrnehmungs-, Denk- und Verhaltensmuster hinauszugehen.“*

Menschen mit Beeinträchtigung sind – sofern sie in Wohneinrichtungen leben – oft rigiden Strukturen und Routinen ausgesetzt, die den Lebensalltag stark beeinflussen oder gar bestimmen. Da City Bound die Konfrontation mit dem

Unbekannten ermöglicht, werden gewohnte oder gewöhnliche Erfahrungen um Erlebniswelten erweitert. Was für uns eine Selbstverständlichkeit darstellt (z. B. einkaufen fahren, Shopping, Treffen mit FreundInnen in einer Bar), entspricht nicht zwangsläufig dem Lebensalltag von Menschen mit Beeinträchtigung, die in Institutionen der Behindertenhilfe leben. Ein Ausflug in die Stadt kann bereits als besonders und bedeutsam empfunden werden. Er ermöglicht neue Eindrücke, Erfahrungen, die Aneignung lebenspraktischer Fähigkeiten und erweitert das Handlungsrepertoire – vor allem, wenn der Ausflug durch City Bound angereichert wird. In der Zusammenarbeit mit den TeilnehmerInnen wurde nicht von City-Bound-Programmen, sondern von City-Bound-Ausflügen gesprochen, da Ausflüge mit „Rauskommen aus dem enggeflochtenen Aktionsradius der Wohneinrichtung" verbunden werden. Ein Ausflug ist eine Exkursion, Expedition, Entdeckungsreise, ein Ausmarsch oder eine Ausreise. City Bound gilt also als eine Reise in eine Welt, in der

- die Beeinträchtigung nicht im Vordergrund steht,
- Grenzerfahrungen zugetraut und Herausforderungen in Angriff genommen sowie
- eine Überbehütung und erlernte Hilflosigkeit über Bord geworfen werden.

Das Unbekannte bezieht sich bei City Bound nicht nur auf unbekannte Menschen, sondern auch auf unbekannte Situationen, Orte, Anforderungen und Lebenswelten.

4.2 AdressatInnen

Die Durchführung von City Bound im heilpädagogischen Praxisfeld bezieht sich auf die Zielgruppe der Kinder, Jugendlichen und erwachsenen Menschen, die als geistig beeinträchtigt, lernbeeinträchtigt, körperlich beeinträchtigt, sehbeeinträchtigt, hörgeschädigt oder mehrfachbeeinträchtigt (es liegt eine kognitive Beeinträchtigung mit zusätzlichen psychosozialen Auffälligkeiten oder zusätzlichen Einschränkungen der Sinnes-, Sprach- oder Körperfunktionen vor) bezeichnet werden und in Institutionen der Behindertenhilfe leben oder auf eine andere Weise von PädagogInnen begleitet werden (z. B. Förderschule, Werkstatt für beeinträchtigte Menschen, ambulante Hilfen). Wenn in Folgendem von Menschen mit Beeinträchtigung gesprochen wird, sind zuvor beschriebene AdressatInnen gemeint.

4.3 Einsatzbereiche

City Bound kann mit genannten AdressatInnen in den unterschiedlichsten Bereichen zum Einsatz kommen:

- in Wohneinrichtungen der Behindertenhilfe als Freizeitangebot für BewohnerInnen der Wohngruppen (gruppenübergreifend / gruppenintern),
- in Außenwohngruppen als Training zur Verselbstständigung,
- in Tagesstätten/Tagesförderstätten als Projekttage oder als praktische Umsetzung bestimmter Förderschwerpunkte,
- in Werkstätten für beeinträchtigte Menschen (WfbM) im Berufsbildungsbereich (BBB),
- in ambulanten Hilfen,
- in Förderschulen (mit unterschiedlichen Förderschwerpunkten wie z.B. ganzheitliche Entwicklung, motorische Entwicklung), um unterschiedliche Aktivitätsbereiche (Arbeit und Beruf, Ästhetik, Freizeit und Lebensgestaltung, Haushalt, Ich und andere, Kommunikation, Wahrnehmung und Bewegung, Spiel und Sport, Welterschließung) des Lehrplans handlungsorientiert näher zu bringen,
- in integrativen / inklusiven Schulen,
- in Ferienfreizeitprogrammen,
- in Jugendzentren als inklusives Angebot,
- in erlebnispädagogischen Vereinen und Unternehmen mit erlebnispädagogischem Schwerpunkt,
- in beruflichen Integrationsdiensten für Auszubildende mit Lernbeeinträchtigung.

5 Ausgangssituation der TeilnehmerInnen

Dieses Kapitel möchte ein grobes Abbild zur Lebenssituation von Menschen mit Beeinträchtigung vermitteln und macht deutlich, weshalb sich die Frage „Welche Situationen bieten Menschen mit Beeinträchtigung die Möglichkeit, risikobereit zu sein, sich mit dem Unbekannten auseinander zu setzen und Abenteuer zu erleben?“ überhaupt stellt. Betont wird zu Beginn, dass die folgend beschriebene Ausgangssituation keinesfalls die Gesamtheit der Lebensbereiche und der -erfahrungen von Menschen mit Beeinträchtigung widerspiegelt.

Wohneinrichtungen der Behindertenhilfe unterliegen oftmals eingefahrenen Strukturen und bieten Menschen mit Beeinträchtigung vorwiegend altbewährte, klassische Konzepte wie z. B. Snoezelen, basale Stimulation, heilpädagogische Rhythmik und Psychomotorik an. Diese Konzepte dienen hauptsächlich der Auseinandersetzung mit sich selbst, bedingen aber nicht die Konfrontation mit dem Ungewöhnlichen oder Unbekannten, wodurch eine gewisse Eintönigkeit bis hin zu Langeweile entstehen kann. Das Leben von Menschen mit einer Beeinträchtigung, die in einer Institution leben, ist unter anderem geprägt von einer oftmals einfarbigen, eingeschränkten Freizeitgestaltung und Erlebnisarmut. Dies ist durch institutionelle, organisatorische bzw. strukturelle Gegebenheiten der Behindertenhilfe bedingt (Ebert 2000). Die Zielgruppe hat nur bedingt die Möglichkeit, Grenz- und Risikoerfahrungen zu erleben, da ihnen vom Betreuungspersonal meist zu wenig zugetraut wird. Außerdem werden Menschen mit komplexer Beeinträchtigung in ihrer Persönlichkeitsentwicklung aufgrund eines überbehütenden, kontrollierenden Umfeldes blockiert. Es gibt somit eine Vielzahl an Aspekten, die sich in Barrieren für intrapersonales Wachstum von Menschen mit Beeinträchtigung äußern. Parallelen lassen sich auch in Senckels Gedanken wiederfinden:

> *„Aufgrund der Behinderung wird der Erfahrungsraum […] zusätzlich eingeschränkt – und zwar unabhängig davon, ob sie bei den Eltern wohnen oder im Heim-, denn man traut ihnen wenig zu. Sie bekommen nur selten gezielte, hilfreiche Anregungen aus der Umwelt, dürfen wenig ausprobieren, haben kaum Gelegenheit herauszufinden, was zu ihnen paßt, und erhalten unzureichend*

Rückmeldung über ihr Sozialverhalten. Statt dessen werden sie meist sowohl überbehütet als auch überfordert" (Senckel 2010, 99).

Wie viele der AdressatInnen, die in einer Stadt oder in der Nähe leben, kennen tatsächlich „ihre" Stadt? Haben sie überhaupt eine emotionale Verbindung zu der Stadt, oder ist es nicht eher so, dass sie nicht in der Stadt leben, sondern in der Behinderteneinrichtung, weil der Aktionsradius – bis auf wenige Ausnahmen im Jahr – nicht mal einen Kilometer beträgt? Daraus ergibt sich zum einen eine mangelnde Aneignung des Lebensraums und zum anderen, dass die Stadt als Erfahrungsfeld und kreative Aktivierungsform nicht erschlossen wird. Diese Lebensweise, die an Segregation erinnert, bringt eine begrenzte Nutzung von integrativen und inklusiven Angeboten mit sich und ermöglicht weder die Kommunikation noch die Interaktion mit Außenstehenden oder unbekannten Menschen. Des Weiteren können alltagsrelevante Kompetenzen, die außerhalb von Institutionen von Bedeutung sind, nur in einem eingeschränkten Rahmen innerhalb der Einrichtung ausgebildet werden.

6 Das Potenzial von City Bound

„In unzähligen Werken der Literatur steht der Einzug in die Stadt für das Erwachsenwerden, für den Reifungsprozess. Die Seele gehört der Natur, der Kopf der Stadt. In der Stadt tobt das ‚wirkliche' [Herv. d. Verf.] Leben, mit allen Höhen und Tiefen, da hört die heile Welt auf" (Crowther 2005, 10).

Die zuvor dargestellte Ausgangssituation und die damit einhergehenden Kritikpunkte können zum Teil durch die Umsetzung von City-Bound-Programmen aufgebrochen werden. In ihrer Durchführung wird Menschen mit Beeinträchtigung folgender Nutzen geboten:

- Es wird eine Diversität an Freizeitmöglichkeiten durch die Methodenvielfalt von City Bound erlebt, wodurch der Erlebnisarmut entgegengewirkt und die Lebensqualität der TeilnehmerInnen gesteigert wird.
- Da das Hauptmerkmal von City Bound auf dem Kontakt mit unbekannten Menschen und anderen Lebenswelten liegt, werden interpersonelle Interaktionen, kommunikative Fähigkeiten und soziale Kompetenzen gestärkt.
- Auch die Interaktion innerhalb der teilnehmenden Gruppe dient der Erweiterung der sozialen Kompetenz. Fokussiert wird dabei auf die Team-, Kooperations-, Konflikt- sowie Empathiefähigkeit.
- Das Kennenlernen anderer Lebensentwürfe und -welten ermöglicht einen Perspektivwechsel.
- Das Konzept kann als eine Form von Empowerment verstanden werden, indem die TeilnehmerInnen sich ihrer eigenen Stärken bewusst werden und diese gezielt einsetzen können. Des Weiteren erhalten sie konkrete Mitgestaltungsmöglichkeiten.
- Die Stadt wird als Erfahrungsfeld und kreative Aktivierungsform erschlossen. Dieser Erlebnisraum fördert die Partizipation an dem gesellschaftlichen Leben außerhalb des „geschützten" Rahmens (Institution). Das Lebensumfeld wird erkundet, erlebt und mitgestaltet. Diese Gegebenheit entspricht insbesondere dem Normalisierungsprinzip nach Nirje, das besagt, dass Menschen mit Beeinträchtigung die gleichen Bedingungen einer „normalen" Lebensweise zustehen, wie sie auch bei Menschen ohne Beeinträchtigung der Fall ist. Hierzu gehört beispielsweise die Teilhabe am sozialen Leben

durch eine Trennung (Orts- und Kontaktpersonenwechsel) von Arbeit / Freizeit / Wohnen (Eitle 2012).

- City Bound gilt als ein Medium, mit dem thematische Schwerpunkte alltagsorientiert angeeignet werden können, wodurch die Handlungskompetenz erweitert wird.
- Die eigenen Stärken und Schwächen werden bewusst wahrgenommen. Dieses ermöglicht unter anderem die Steigerung der Frustrationstoleranz und Resilienz.
- Der kontrollierende und überbehütende Einfluss von äußeren Systemen, wie z. B. der pädagogischen Betreuung, wird gedämpft. Die Persönlichkeits- und Autonomieentwicklung der Zielgruppe werden in einem besonderen Maß durch Grenzerfahrungen, Lernen durch Herausforderung und Selbstüberwindung unterstützt. Damit einhergehend werden gesellschaftliche Zuschreibungen und Stigmatisierungen gegenüber den AdressatInnen gemindert.
- Elementare Ressourcen wie Selbstwirksamkeit und -vertrauen werden spürbar gestärkt und unterstützen die Bildung eines positiven Selbstkonzeptes.

Der vielfältige Erlebnisraum „Stadt" bietet auch Menschen mit Beeinträchtigung ein pädagogisches Potenzial, das mit der Methode „Learning by Doing" effizient gestaltet wird. Dabei stehen sieben Lernmöglichkeiten im Mittelpunkt (Klein / Wustrau 2014):

- Orientierung,
- Teamfähigkeit,
- Selbst- und Fremdwahrnehmung,
- Kommunikationskompetenz,
- Problemlösungskompetenz,
- Selbstwirksamkeit,
- Frustrationstoleranz.

Da die Weiterentwicklung so ausgelegt ist, dass sich die Leitung während der Umsetzung der Aufgaben in Blickweite der TeilnehmerInnen befindet, hat die Orientierung als Lernmöglichkeit eher eine untergeordnete Position. Die Leitung von erlebnispädagogischen Angeboten sollte sich als ImpulssetzerIn für Lernprozesse verstehen, da der Ausgang durch Offenheit geprägt ist. Dies bedeutet, dass die Zielsetzungen als Arbeitshypothesen betrachtet werden müssen (Kinne / Theunissen 2013).

Die Durchführung der einzelnen City-Bound-Aktionen können in den TeilnehmerInnen unterschiedliche Fragestellungen aufwerfen, die mit genanntem pädagogischen Potenzial einhergehen und gegebenenfalls während der Durchführung beantwortet werden. Beispielhaft werden Fragestellungen zu drei Bereichen dargestellt.

Fragestellungen zur Kommunikationskompetenz: Traue ich mir zu, mit unbekannten Menschen zu sprechen? Wie spreche ich Menschen an, sodass sie positiv auf mich reagieren? Wie kann ich andere davon überzeugen, mir bei der Aktion zu helfen? Kann ich mich klar und deutlich ausdrücken? Kann ich meine Meinung (sprachlich) wiedergeben? Reagiere ich auf Gruppenmitglieder empathisch?
Fragestellungen zur Selbst- und Fremdwahrnehmung: Wie wirke ich auf unbekannte Menschen? Reagieren alle Menschen gleich? Worin unterscheiden sich die Verhaltensweisen der InteraktionspartnerInnen? Welche Verhaltensweisen bringen mich ans Ziel? Welche Position nehme ich innerhalb der Gruppe ein? Wie gehe ich mit Zurückweisung durch PassantInnen um? Hat die Zurückweisung eventuell etwas mit meiner Behinderung zu tun? Wie gehe ich mit Reaktionsweisen wie z. B. Anstarren, diskriminierende Äußerungen oder aufgedrängter Hilfe um? Bin ich kooperationsbereit, team- und konfliktfähig? Wie tolerant bin ich? Wie tolerant sind andere Menschen? Kann ich Verantwortung übernehmen? Welche Stärken und Schwächen habe ich? Kann ich mich auf unbekannte Situationen und Herausforderungen einlassen? Wie gehe ich mit Misserfolgen um?
Fragestellungen zur Selbstwirksamkeit: Habe ich aktiven Einfluss auf das Geschehen? Habe ich vielfältige Fähigkeiten? Habe ich die Aufgabe erfolgreich bewältigt? Traue ich mir zu, auch zukünftige Aufgaben zu meistern? Wird mir von der Gruppe und der Leitung vermittelt, dass ich wertvoll bin?

In groben Zügen lässt sich zusammenfassen, dass City Bound die Förderung der Persönlichkeitsentwicklung, die Verbesserung des Sozialverhaltens sowie die Erweiterung der Alltagskompetenzen beabsichtigt (Eichinger 1995). Ein alltagskompetentes Auftreten, das während der Umsetzung von City-Bound-Aktionen trainiert wird, beinhaltet beispielsweise ein angemessenes Nähe-Distanz-Verhalten, höfliche Begrüßung, Hilfestellung anzunehmen, Unterstützung einzufordern, die eigenen Gefühle zu benennen, den Umgang mit Frustration, sich mit eigenen Ängsten vor unbekanntem Terrain und Aufgaben auseinanderzusetzen, Konsequenzen des eigenen Verhaltens abzuschätzen, neue Gedankenmuster entstehen zu lassen, sich selbst (neu) zu entdecken, einen sozialkompetenten Umgang miteinander und vieles mehr.

Die Weiterentwicklung des Konzeptes beinhaltet zusätzlich die **Lebensweltererweiterung** als Hauptmerkmal, da die Stadt und der urbane Raum für eine

Vielzahl von Menschen mit Beeinträchtigung, die beispielsweise in einer Einrichtung der Behindertenhilfe leben, noch nicht erschlossen wurden. Indem das Zentrum der unmittelbaren Erfahrungswelt der AdressatInnen aus Familie und Institution besteht, stellt sich der Aktionsradius als begrenzt dar. Der Terminus Lebenswelt heftet sich im vorwissenschaftlichen Sinn an die subjektive Welt, in der ein jeder Mensch lebt (Fischer/Renner 2015).

7 Leitideen

Crowther (2005, 18f.) benennt Konzeptanforderungen, die als Leitfaden für eine sinnvolle und effiziente Durchführung von City Bound dienen:

1. „Die Aktionen sind so angelegt, dass Teilnehmer aktiv, interaktiv und kommunikativ handeln müssen, um erfolgreich zu sein.
2. Die Aktionen sollen einen Perspektivenwechsel ermöglichen.
3. Die Aktionen sollen Teilnehmer herausfordern.
4. Die Aktionen werden zielorientiert ausgewählt, damit bestimmte Entwicklungsdefizite bearbeitet werden können.
5. Das zentrale Prinzip ist es, die Erlebnisse und Erfahrungen, die in den Aktionen gemacht werden, durch anschließende Reflexionen zu vertiefen und zu verankern. Dazu gehört der Transfer in den (Betriebs-) Alltag der Teilnehmer."

Darauf aufbauend ergeben sich die Leitideen des weiterentwickelten Konzeptes für die Zielgruppe der Menschen mit Beeinträchtigung:

1. Die Aktionen ermöglichen Teilnehmenden mit Beeinträchtigung eine aktive, interaktive und kommunikative Auseinandersetzung mit anderen Lebenswelten. Auch wenn der Kern des Konzeptes aus der Kommunikation mit unbekannten Menschen und Lebenswelten besteht, ist nicht jede City-Bound-Aktion an die Interaktion mit Unbekannten gekoppelt. Manche Aktionen sind so aufgestellt, dass die Teilnehmenden ihre Aufmerksamkeit auf sich selbst oder auf die anderen Gruppenmitglieder lenken sollen.
2. Die Aktionen bieten Menschen mit Beeinträchtigung die Möglichkeit zur Selbst- und Fremdwahrnehmung. Die eigenen Wirklichkeitskonstruktionen werden hinterfragt.
3. Die Aktionen befriedigen die Sicherheits- und Explorationsbedürfnisse der Teilnehmenden mit Beeinträchtigung. Diese werden gefordert, wobei Über- und Unterforderung vermieden werden.
4. Die Aktionen werden den Ressourcen der Teilnehmenden mit Beeinträchtigung angepasst, um sie in ihrer Persönlichkeitsentwicklung zu stärken und eine Erweiterung der Alltags- und Sozialkompetenz zu ermöglichen.
5. Die teilnehmenden Menschen mit Beeinträchtigung werden unterstützt

und ermutigt, die Erfahrungen der einzelnen Aktionen zu reflektieren. Im optimalen Fall ist die Reflexion so ausgelegt, dass die Ganzheitlichkeit des Menschen angesprochen wird („Kopf, Herz, Hand“), um das Verhaltensrepertoire zu erweitern. Die Auswahl der Reflexionsmethoden entspricht dem geistigen und emotionalen Entwicklungsstand eines jeden Teilnehmenden.

6. Alle Aktionen beinhalten das Prinzip der Freiwilligkeit. Die Entscheidung, ob und welche Aktion durchgeführt wird, liegt bei den einzelnen Menschen mit Beeinträchtigung. Eine Alternative zu der Entscheidungsoption „Ja“ oder „Nein“ bietet das gemeinsame Abwandeln einer Aktion, auch bekannt als „Challenge by Choice“ / Herausforderung nach eigener Wahl.
7. Die Aufgabenstellungen der Aktionen müssen für alle Teilnehmenden mit Beeinträchtigung verständlich formuliert sein. Erst diese Voraussetzung befähigt zu einer erfolgreichen Umsetzung.

8 Lernen auf unbekanntem Terrain

„Lernen bedeutet Veränderung, und Veränderungen sind für das Gewohnheitstier Mensch eine Bedrohung. Nicht nur am Anfang der Philosophie, auch am Anfang des Lernens steht das Staunen, die Verwirrung, die Krise, das Problem, die Herausforderung" (Michl 2020, 45).

Die Aneignung der Welt erfolgt in Form von Exploration und Erfahrung. City Bound ermöglicht für TeilnehmerInnen eine ungewöhnliche und spannende Art der Auseinandersetzung mit der Umwelt und initiiert Herausforderungen, die es zu bewältigen gilt. Dieser Prozess setzt individuelles Lernen frei. Wie sich das Lernen auf unbekanntem Terrain vollzieht, veranschaulicht das Lernzonenmodell (Abb. 1).

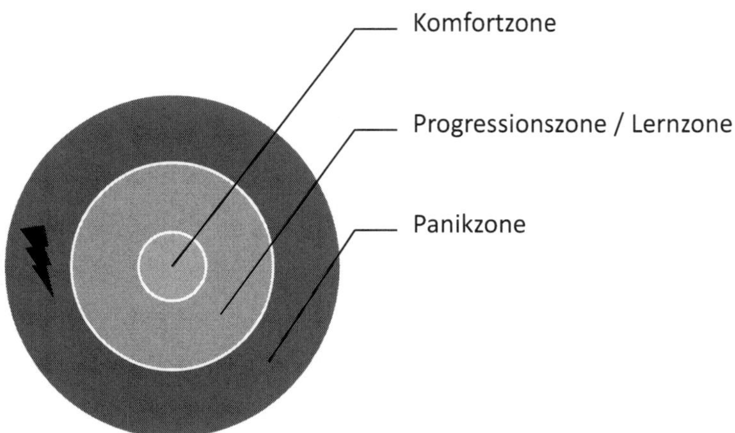

Abb. 1: Lernen auf unbekanntem Terrain (in Anlehnung an Senningers „Lernzonenmodell" 2012, 26)

Ist die **Komfortzone** tatsächlich „das Gelbe vom Ei"? Inmitten dieser Zone befinden wir uns in unserer alltäglichen Routine. Gewohnheiten geben vielen Menschen ein positives Gefühl, da sie mit vertrauten Handlungsweisen einhergehen. Dem gegenüberstehend führt die Komfortzone aber auch zu einer Stagnation und hemmt Lernprozesse, die für soziales Lernen und die Persönlichkeitsentwicklung von essentieller Bedeutung sind. Die Komfortzone, in der wir uns täglich bewegen, vermittelt uns Sicherheit und kommt einer inneren Ordnung gleich.

Das Verlassen der Komfortzone und das Sich-einlassen auf Mut kostende Handlungen lassen uns in die **Progressionszone** gleiten, die Vitalität, Fortschritt und persönliches Wachstum symbolisiert und von Senninger als Lernzone bezeichnet wird. Innerhalb dieser Zone ist ein individueller Lernzuwachs möglich (Kinne/Theunissen 2013). Wir werden aus dem inneren Gleichgewicht der Komfortzone gerissen, wenn etwas Unerwartetes eintritt, das unser bisheriges Handlungsrepertoire herausfordert. Das kann beispielsweise passieren, wenn unser pädagogisches Handeln bei einem Menschen, der herausforderndes Verhalten zeigt, zeitweise auf Grenzen stößt. In diesen Situationen erhalten wir die Chance, ungewohnte und unbekannte Aufgaben in Angriff zu nehmen, sie zu bewältigen und neue Fähigkeiten zu entwickeln. Eine erweiterte Handlungskompetenz und damit verbunden ein gesteigertes Selbstvertrauen geben uns zudem die Möglichkeit, künftig Unbekanntes als Abenteuer und Herausforderung zu interpretieren, anstatt es als unüberwindbares Problem wahrzunehmen. Wachstum, Fortschritt, Erweiterung, Entfaltung und Weiterentwicklung sind Begrifflichkeiten und Gegebenheiten, die mit der Progressionszone in Verbindung gesetzt werden.

Stellt eine Situation eine massive Überforderung oder eine Gefahr dar, befinden wir uns in einem Zustand, der in uns intensive Angst auslöst und uns handlungsunfähig macht. Zudem hemmt Angst kreative Prozesse, da sich unser Körper und Geist auf Kampf (fight) oder Flucht (flight) einstellt (Spitzer 2006). Innerhalb dieser **Panikzone** fühlen wir uns schutzlos ausgeliefert. Der Kontrollverlust und die damit verbundene Panik überschwappen uns wie gigantische Wellen. Innerhalb der Panikzone sind wir zum Lernen nicht fähig (Michl 2015).

Um sowohl eine mögliche Unterforderung (TeilnehmerInnen befinden sich in der Komfortzone) als auch Überforderung (TeilnehmerInnen befinden sich in der Panikzone) auszuschließen oder zu erkennen, ist es von Vorteil, wenn die TeilnehmerInnen der Leitung bekannt sind und ein emotionaler Bezug vorhanden ist. Bedeutsam ist, dass der Übergang von der Komfortzone zu der Lernzone oder zu der Panikzone individuell stattfindet. Das heißt, dass eine Situation, die für den einen Menschen Sicherheit und Komfort bedeutet, für einen anderen Menschen Bedrohung und Panik bedeuten kann. Es ist darauf zu achten, dass der teilweise schmale Grat zwischen Lern- und Panikzone nicht überschritten wird. Durch positive Erfahrungen in ungewohnten Situationen und neu erlernte Handlungsstrategien verschieben sich die Grenzen der einzelnen Zonen (Klein / Wustrau 2014), sodass eine ehemalige herausfordernde Lage nach der Bewältigung zukünftig in der Komfortzone angesiedelt ist.

9 Die Leitung

Die Leitung nimmt eine Schlüsselposition im Gesamtprozess ein, der mit City Bound einhergeht. Bei Aktionen nach dem klassischen City-Bound-Konzept ist die Leitung nicht an der eigentlichen Durchführung beteiligt; werden City-Bound-Aktionen mit Menschen mit Beeinträchtigungen umgesetzt, ist die Anwesenheit der Leitung erforderlich. Nachfolgend werden die Kompetenzanforderung und die Rolle der Leitung beleuchtet.

9.1 Kompetenzanforderungen an die Leitung

Pädagogische Fachkräfte bedürfen nicht unbedingt einer Zusatzausbildung, um City Bound durchzuführen. Im Vordergrund steht, dass die Leitung die eigene Haltung reflektieren und sich im Aktionsradius orientieren kann sowie versteht, dass die Aktionen für die Teilnehmenden auf Freiwilligkeit beruhen, und dass die Leitung über Flexibilität und Methodensicherheit verfügt (Klein / Wustrau 2014). Die Teilnahme an einer zwei- bis dreitägigen City-Bound-Fortbildung ist empfehlenswert.

Für eine professionelle Leitung (Abb. 2) gilt es als essentiell, in Form von Selbsterfahrung einzelne City-Bound-Aktionen in der Teilnehmendenperspektive zu erleben und zu reflektieren. Carl R. Rogers Variablen der Empathie, Wertschätzung und Authentizität (Greving / Ondracek 2014) sind die Schlüssel, um eine vertrauensvolle, positive Beziehung zu den Teilnehmenden aufzubauen und zu wahren. Diese Werte legen den Grundstein zu einer gelingenden Durchführung der Programme. Die besondere Herausforderung in der Umsetzung des Konzeptes mit Menschen mit Beeinträchtigung liegt darin, den Balanceakt zwischen Schutz und Zutrauen zu bewältigen. Die Leitung sollte eine gesteigerte Aufmerksamkeit und Sensibilität für die Bedürfnisse und Ängste der Menschen mit Beeinträchtigung aufbringen sowie einschätzen können, inwieweit die Aktionen im Interesse der Zielgruppe liegen. Die Ressourcen der Teilnehmenden werden bei der Planung des Programms integriert.

Der Aufbau und die effektive Umsetzung einzelner Programme sind eng verknüpft mit dem Menschenbild, das die Leitung ihrem Handeln zugrunde legt. Menschen mit und ohne Beeinträchtigung sind potenziell kommunikative, reflexive, emotionale, handlungsfähige, autonome und aktive Wesen. Diese positive Haltung gegenüber der Bildbarkeit, Wirksamkeit und Entfaltung eines jeden Menschen wird als „Vertrauen in das Potential des Partners“ bezeichnet (Buber 1979, 289). Insgesamt gehört es zu einem empathischen Grundverständnis, präventiv zu handeln. Als präventive Maßnahmen gelten die Beachtung von Mimik und Gestik, das Widerspiegeln von Gefühlen und die Erkundung der Befindlichkeit durch konkrete Fragestellungen: „Wie geht es dir? Fühlst du dich wohl? Traust du dir das zu? Benötigst du Unterstützung?“ Ebenso basiert eine erfolgreiche Umsetzung auf dem Prinzip der Freiwilligkeit, das stets gewahrt werden muss. Es können seitens der Leitung Motivationsarbeit geleistet, Impulse gesetzt, Neugierde geweckt und den Teilnehmenden Mut und Vertrauen in die eigenen Fähigkeiten zugesprochen werden, um die innere Bereitschaft zur Durchführung einer Aktion anzukurbeln. Aber es werden keine „Überredungskünste“ angewendet wie beispielsweise in Form von Wenn-Dann-Bedingungen (z. B.: „Wenn du dich traust, die City-Bound-Aktion durchzuführen, dann darfst du dir danach ein Eis kaufen.“).

Zusätzlich muss die Leitung über Flexibilität verfügen, da eine gewissenhafte Vorbereitung nicht ausschließt, dass Dinge passieren, die außerhalb des Einflussbereiches liegen. Das Programm muss gegebenenfalls spontan angepasst werden, daher ist es nützlich, einen „Plan B“ in der Hinterhand zu haben. Die Kreativität der Leitung steht somit dauerhaft auf dem Prüfstand. Selbst die beste Planungsarbeit bei City Bound kann niemals die Garantie eines Erfolges geben oder die Gewissheit, was als Nächstes passieren wird. Es gibt Faktoren, die nicht immer beeinflussbar oder lenkbar sind. Einer dieser Faktoren ist beispielsweise das Verhalten der PassantInnen. Die Unvorhersehbarkeit ist ein ständiger Wegbegleiter. Ein abwertender Kommentar eines Außenstehenden gegenüber den Teilnehmenden ist nicht mehr rückgängig zu machen. Es liegt dann an der Leitung, die Situation zu lenken und die TeilnehmerInnen aufzufangen.

Abschließend bleibt hinzuzufügen, dass die Leitung in der Durchführung von City Bound mit Menschen mit Beeinträchtigung – in Abhängigkeit von der Gruppengröße – eine zusätzliche Begleitperson (z. B. pädagogische Fachkraft) benötigt, die Verlässlichkeit und Offenheit mitbringt sowie über die Grundkenntnisse des Konzeptes Bescheid weiß. Es kann auch ein Leitungsteam aus zwei oder drei pädagogischen Fachkräften gebildet werden. Für ErlebnispädagogInnen, denen die TeilnehmerInnen zum Zeitpunkt der Durchführung noch nicht bekannt sind, ist es von immenser Bedeutung, sich im Vorfeld über die Ressourcen, Ängste, Besonderheiten, Beeinträchtigungen und Interessen der TeilnehmerInnen zu informieren. ErlebnispädagogInnen nehmen die Position der Leitung ein und werden durch pädagogische Fachkräfte, denen die Teilnehmenden persönlich bekannt sind, bei der Umsetzung von City Bound unterstützt. Bei Bedarf sollte die Leitung deutlich äußern, dass PassantInnen es nicht gewohnt sind, von unbekannten Menschen angesprochen zu werden und dass jeder Mensch unabhängig davon, ob er als beeinträchtigt gilt oder nicht, zurückgewiesen werden kann.

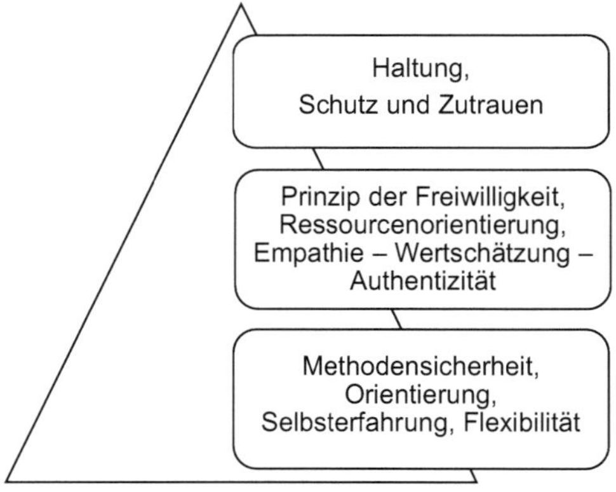

Abb. 2: Kompetenzanforderung an die Leitung

9.2 Die Rollen der Leitung

Die Leitung ist während der Durchführung der einzelnen City-Bound-Aufgaben anwesend oder mindestens in Sichtweite. Sie übernimmt, je nach Aktion und an den Bedürfnissen der TeilnehmerInnen orientiert, verschiedene Rollen:

- BeobachterIn,
- aktives Gruppenmitglied,
- BegleiterIn,
- InteraktionspartnerIn,
- Schutzschild und MotivatorIn,
- Rückversicherung für die TeilnehmerInnen,
- einschreitende Rolle sowie
- ImpulssetzerIn reflektorischer Prozesse.

Die Leitung vertritt somit eine Diversität an Positionen innerhalb der Durchführung. Mit Feingefühl muss sie sich in entsprechenden Situationen in die passende Rolle einfinden. Die Besetzung der verschiedenen Rollen ist nicht gleichzusetzen mit einem Schauspiel, da die Authentizität der Leitung im Prozess für ein Gelingen eine wesentliche Grundlage darstellt.

10 City Bound im Vergleich

Nachfolgend werden die **Unterschiede** zwischen dem „klassischen“ City Bound und City Bound für Menschen mit Beeinträchtigung tabellarisch herausgearbeitet (Tab. 1).

Tab. 1: City Bound im Vergleich

	Klassisches City Bound	**Weiterentwickeltes City Bound (für Menschen mit Beeinträchtigung)**
Anpassung von Aktionen	City-Bound-Aufgaben können zumeist unverändert aus den bereits bestehenden City-Bound-Aktionsbüchern übernommen werden.	City-Bound-Aufgaben müssen stark hinterfragt und auf unterschiedlichste Beeinträchtigungsbilder abgewandelt werden. Des Weiteren können mehrere Aufgaben aufgrund von Stigmatisierungen gegenüber Menschen mit Beeinträchtigung nicht oder nur in Einzelfällen stattfinden.
Präsenz der Leitung	Die Durchführung der Aktionen (Einzel- oder Gruppenaufgaben) geschieht in Abwesenheit der Leitung.	Die Leitung ist anwesend und übernimmt je nach Aktion verschiedene Rollen: ▪ BeobachterIn, ▪ aktives Gruppenmitglied, ▪ BegleiterIn, ▪ InteraktionspartnerIn, ▪ Schutzschild und MotivatorIn, ▪ Rückversicherung für die TeilnehmerInnen, ▪ einschreitende Rolle, ▪ ImpulssetzerIn reflektorischer Prozesse.

	Klassisches City Bound	**Weiterentwickeltes City Bound (für Menschen mit Beeinträchtigung)**
Vorwissen zur Gruppe	Die Leitung, die zumeist bei erlebnispädagogischen Vereinen angestellt ist, kennt die TeilnehmerInnen bis zu der Durchführung nicht persönlich. Sie weiß aber um das Alter und den Kontext, in dem das Programm eingebaut werden soll.	Die Leitung, die in der Wohneinrichtung, WfbM oder Förderschule angestellt ist, kennt die Bedürfnisse, Ressourcen, Persönlichkeitsaspekte, Ängste und besondere Gegebenheiten der TeilnehmerInnen. Es liegt bereits eine persönliche Bindung vor. Wenn erlebnispädagogische Vereine eine City-Bound-Anfrage von Institutionen der Behindertenhilfe erhalten, bedarf es einem Vorgespräch zwischen den im Verein angestellten ErlebnispädagogInnen und der pädagogischen Fachkraft, die die TeilnehmerInnen kennt und begleiten wird. Das Vorgespräch beinhaltet unter anderem Informationen zum Schweregrad der Beeinträchtigung sowie emotionale, kognitive und kommunikative Ressourcen der TeilnehmerInnen.
Selbstständigkeit	Die TeilnehmerInnen bewegen sich zumeist ohne die Anwesenheit der Leitung in der Stadt fort. Eine Einverständniserklärung der Eltern muss eingeholt werden. Die Teilnehmenden besitzen die Handynummer der Leitung, um sie in Notfällen zu informieren. Außerdem wird vor der Durchführung einer Aktion der Treff- und Zeitpunkt festgelegt, an denen sich Leitung und TeilnehmerInnen wieder treffen.	Die TeilnehmerInnen befinden sich in der Sichtweite der Leitung.

	Klassisches City Bound	Weiterentwickeltes City Bound (für Menschen mit Beeinträchtigung)
Betreuung	Eine Leitung und eine Betreuungsperson (z.B. LehrerIn) sind für eine durchschnittlich große Klasse von ca. 25 SchülerInnen verantwortlich.	Je nach Beeinträchtigungsbild ist eine Eins-zu-eins-Betreuung erforderlich. Während der gesammelten Praxiserfahrungen waren es zumeist drei bis fünf TeilnehmerInnen, eine Leitung und eine weitere pädagogische Fachkraft.
Gruppengröße	Die Durchführung ist mit einer Gruppe von über 20 TeilnehmerInnen möglich. Diese werden in Kleingruppen eingeteilt, die sich wiederum eigenständig organisieren.	Um die Qualität zu sichern und den Bedürfnissen der Einzelnen zu entsprechen, ist eine Gruppengröße von mehr als sechs bis acht TeilnehmerInnen nicht ratsam.
Stadterleben	Das Stadtleben ist für die Jugendlichen Zuhause und Alltag.	Die Stadt wird als Erfahrungsfeld und Lebensraum erschlossen. Sie hat für die TeilnehmerInnen kaum Alltagskomponenten.
Lern-/Förderziele	Das Konzept beabsichtigt die Förderung der Persönlichkeitsentwicklung und die Erweiterung positiven Sozialverhaltens sowie der Alltagskompetenzen.	Das Konzept beinhaltet zusätzlich die Lebenswelterweiterung als Hauptmerkmal.
Erkundungsraum	Die Durchführung von City Bound findet schwerpunktmäßig in (Groß-)Städten statt.	Ein weitgefassterer Erkundungsraum (Stadt, urbaner Raum, Dorf) wird einbezogen.
Zeit	Zeitmanagement bezieht einen hohen Stellenwert.	Es muss ein Mehraufwand an Zeit aufgrund der geistigen und körperlichen Beeinträchtigungen eingeplant werden.
öffentliche Verkehrsmittel	Öffentliche Verkehrsmittel haben einen Stellenwert und werden teilweise während den City-Bound-Programmen genutzt/ benötigt.	Öffentliche Verkehrsmittel sind zweitrangig, da die Planung so erfolgt, dass Barrieren für z.B. RollstuhlfahrerInnen umgangen werden und wenig Abhängigkeit von äußeren Systemen wie z.B. öffentlichen Verkehrsmitteln vorliegt.

	Klassisches City Bound	Weiterentwickeltes City Bound (für Menschen mit Beeinträchtigung)
Reflexion	Es steht eine Vielfalt an Reflexionsmethoden zur Verfügung.	Viele Reflexionsmethoden müssen angepasst oder simplifiziert werden, da Reflexionen besonders komplexe Anforderungen an kognitive Prozesse fordern.

Beide Ausführungen von City Bound implizieren **Parallelen** und Schnittpunkte:

- Aktivitäten sind handlungs- und erlebnisorientiert,
- Leitung sieht in dem Konzept ein hohes Potenzial zur Kompetenzerweiterung der Zielgruppe,
- „Challenge by Choice“ – optimales Anforderungsprofil, Unter- und Überforderung werden vermieden,
- Balance zwischen Aktion und Entspannung,
- pädagogisches Potenzial ist weitestgehend gleich,
- Leitungskompetenz (Soft Skills wie z.B. Kreativität und Hard Skills wie z.B. Methodenrepertoire) ist unabdingbar,
- Reflexionsprozesse sind signifikant.

Teil II
Planungshilfen

1 Einteilung der Aktionen

City Bound bedient sich im heilpädagogischen Praxisfeld verschiedenster Aktionen, die unterschiedlich kategorisiert werden können:

1. **Stadtbezogene City-Bound-Aktionen**: Der Einsatz dieser City-Bound-Aktivitäten ist abhängig von dem Aufsuchen einer bestimmten oder unbestimmten Stadt, die als Medium „benötigt" wird, um eine erfolgreiche Bewältigung der Aufgabe zu ermöglichen (beispielhafte Aktionen: Picknick, Stadttauben, Seelenentspannung, Unbekanntes Terrain).
2. **Stadtunabhängige City-Bound-Aktionen**: Die Bewältigung einer Aktion ist nicht abhängig von dem Medium Stadt. City Bound bedeutet nicht zwangsläufig, Aktionen innerhalb der Stadt durchzuführen. Es können alle Ressourcen einbezogen werden, die eine Lebenswelterweiterung ermöglichen. Dies meint beispielsweise, dass die Kindertagesstätte, die im gleichen Dorf wie die Wohneinrichtung der Teilnehmenden angesiedelt ist, eine logische Verknüpfung bietet, um die Aktion „Gemeinsam Vielfältiges erleben" umzusetzen (beispielhafte Aktionen: Darf ich vorstellen, Ein Herz für die Umwelt, Perfektes Dinner, Straßenschilder und Co.).
3. **Interaktionsfokussierte Aktionen mit Außenstehenden**: Um eine Aktion, die dieser Kategorie zugeordnet wird, zu bewältigen, gilt die Interaktion mit unbekannten Menschen/Außenstehenden als Voraussetzung (beispielhafte Aktionen: Brieffreundschaft, Designertasche, Profi in eigener Sache, Zeitwächter).
4. **Gruppenzentrierte City-Bound-Aktionen**: Nicht alle Aktionen leben von der Interaktion mit unbekannten Menschen. Im Vordergrund steht bei einigen Aufgaben auch die Interaktion unter den einzelnen Gruppenmitgliedern, um Lernprozesse zu initiieren, die beispielsweise die Ausbildung der Kooperations- und Teamfähigkeit unterstützen (beispielhafte Aktionen: Akustischer Tumult, Nadel im Heuhaufen, Stadtkonzert, Theaterperformance).

Die Übergänge der einzelnen Kategorien sind fließend. Die meisten Aktionen können zwei Kategorien zugeteilt werden. „Multikulti-Sprachen" gilt als stadtbezogene Aktion und als interaktionsfokussierte Aktion mit Außenstehenden. Die Aktionen „Walkie-Talkie-Tour" und „Fliegende Fische" werden z. B. stadtunabhängig und gruppenzentriert durchgeführt. Eine Besonderheit hierbei ist, dass die Aktionen trotzdem in einer Stadt eingesetzt werden können.

2 City Bound unter Berücksichtigung unterschiedlicher Beeinträchtigungen

Da es aufgrund der Komplexität und Individualität eines jeden Menschen mit Beeinträchtigung kein einheitliches Bild einer spezifischen Behinderung geben kann, sollen nachfolgende Praxishinweise als Empfehlungen und Impulse dienen und nicht als Dogma betrachtet werden.

An der Erprobung diverser City-Bound-Programme waren 19 BewohnerInnen, die in neun Wohngruppen einer stationären Einrichtung der Eingliederungshilfe in Rheinland-Pfalz leben, beteiligt. Die Auswahl der TeilnehmerInnen wurde heterogen gewählt. So waren es zehn Teilnehmer und neun Teilnehmerinnen im Alter von 25 bis 54 Jahren, von denen zwei in einer Außenwohngruppe leben, elf Teilnehmende in einer Werkstatt für beeinträchtigte Menschen beschäftigt sind und acht Teilnehmende in Tagesstätten betreut werden. Die Beeinträchtigungsbilder der 19 TeilnehmerInnen sind vielschichtig. Sie reichen von einer Lernbeeinträchtigung bis zu einer leichten bis schweren geistigen Beeinträchtigung, die unter anderem gekoppelt ist mit zerebralen Anfallsleiden, Blindheit, Hörschädigung, Autismus, Tetraparese, wiederkehrenden Psychosen oder Einschränkungen auf kommunikativer, sozio-emotionaler und motorischer Ebene.

2.1 Praxishinweise zu geistiger Beeinträchtigung

Erst wenn die Teilnehmenden, die als geistig beeinträchtigt gelten, die Inhalte einer Aktion begreifen, können sie diese bewältigen. Bereits bei der Formulierung der Aufgabenstellung muss sich die Leitung hinterfragen, ob diese für alle verständlich ist. Sie kann sich durch Rückfragen vergewissern, sich der „leichten Sprache“ bedienen, die Formulierung modifizieren. Oder ein Gruppenmitglied erklärt die Aktion im Anschluss mit eigenen Worten. Um eine Frustration aufgrund von unpräzisen oder unverständlichen Aufgabenstellungen zu vermeiden, wird eine Aktion also erst dann durchgeführt, wenn das Verständnis aller Teilnehmenden gesichert ist.

Auch unter dem Aspekt der Freiwilligkeit spielt die Auffassungsgabe der gestellten Anforderungen eine immense Bedeutung. Denn wie sollen sich die AdressatInnen für oder gegen etwas entscheiden können, wenn sie die Aufgabenstellung nicht verstanden haben? Ein Zutrauen in die Fähigkeiten und Kompetenzen der TeilnehmerInnen ist die Basis, um Grenzerfahrungen und Herausforderungen zu ermöglichen. Um ein Hineingleiten in die Panikzone zu vermeiden, legen die TeilnehmerInnen eigenständig fest, wie weit sie sich an ihre Grenzen herantasten oder darüber hinausgehen (Klein / Wustrau 2014).

In der Begleitung von Menschen mit kognitiver Beeinträchtigung kann es vorkommen, dass die Leitung behutsam hinterfragen muss, ob die selbstgesteckte Grenze der einzelnen TeilnehmerInnen verantwortungsbewusst getroffen wurde. Selbstverständlich können und sollen Menschen mit geistiger Beeinträchtigung eigenverantwortlich und verantwortungsbewusst handeln. Dennoch können manche TeilnehmerInnen aufgrund bisher begrenzter Erfahrungsspielräume die Ausmaße von neuen Situationen und Verhaltensweisen nicht immer angemessen abschätzen. Deshalb stehen Menschen mit kognitiver Beeinträchtigung gegebenenfalls einigen City-Bound-Aktionen offener gegenüber. Offenheit ist grundsätzlich positiv einzuordnen. Jedoch sollten keine Aufgaben gewählt werden, die in Form von Lächerlich-Machen oder Sich-vorgeführt-Fühlen „Eskalationspotenzial" bieten (Teil II Kap. 3). City Bound muss für beide Parteien achtsam und wertschätzend sein, also für die Teilnehmenden als auch für die unbekannten Menschen, mit denen sie in Kontakt treten.

Die Auswahl der Reflexionsmethoden muss dem geistigen und emotionalen Entwicklungsstand eines jeden Teilnehmenden entsprechen. Des Weiteren sind die Reflexionen so anzulegen, dass sie ermöglichen, das Geschehene zusammenzufassen und die emotionale Befindlichkeit auszudrücken, ohne sich überfordert oder unter Druck gesetzt zu fühlen. Während der Erprobung von City Bound mit Menschen mit geistiger Beeinträchtigung ist aufgefallen, dass besonders der Transfer des Gelernten in den Alltag aufgrund der Komplexität zumeist nur mit der Unterstützung und Anregung der Leitung oder bestimmter Fragestellungen zu leisten ist.

2.2 Praxishinweise zu körperlicher Beeinträchtigung

Eine im Rollstuhl sitzende Person wird oftmals unterschätzt, da manchmal aufgrund äußerer Merkmale angenommen wird, dass sie auch auf kognitiver Ebene „hilfebedürftig“ sei. Eine körperliche Schädigung, eine Mobilitätseinschränkung, die Benutzung von Hilfsmitteln (z.B. einem Rollstuhl), eine geminderte Körperkontrolle oder kommunikative Einschränkungen drücken nichts über die kognitive oder emotionale Entwicklung von Menschen mit körperlicher Beeinträchtigung (z.B. Spina Bifida, Multiple Sklerose, Querschnittslähmung, Spastik, Epilepsie, Gliedmaßenfehlbildung) aus. Dennoch müssen in der Planung und Umsetzung von City-Bound-Aktionen mit dieser Zielgruppe besonders die Mobilitätseinschränkungen, die Benutzung von Hilfsmitteln und kommunikative Barrieren berücksichtigt werden.

Die Stadt ist nicht überall barrierefrei. Daher gilt es vorher abzuklären, ob das Areal für die TeilnehmerInnen mit einer körperlichen Beeinträchtigung zugänglich ist (z.B. mit einem Rollstuhl oder Rollator).

Insgesamt benötigt ein City-Bound-Programm, das mit Menschen mit körperlicher Beeinträchtigung umgesetzt wird, mehr Zeit, da sich unter anderem die KFZ-Beförderung (z.B. ordnungsgemäße Sicherung der Rollstühle) und das Führen durch die Stadt (z.B. bei Menschen mit Blindheit oder bei Teilnehmenden, die sich mit einem Rollator oder Gehstock fortbewegen) zeitaufwendiger gestaltet. Die Leitung sollte im Vorfeld abklären, wo es Behindertenparkplätze im nahegelegenen Umfeld der geplanten Aktionsdurchführung gibt, da kilometerlanges Gehen mit Hilfsmitteln und Fahren mit dem Rollstuhl zum Startpunkt des City-Bound-Programmes unnötig Zeit und Energie kostet. Außerdem sollte eine behindertengerechte Toilette im Umkreis sein, um Toilettengänge und gegebenenfalls den Wechsel von Inkontinenzmaterial zu ermöglichen.

Bestimmte Stadtareale sind an unterschiedlichen Tagen und zu gewissen Tageszeiten schlichtweg unbegehbar oder auch mit einem Rollstuhl unbefahrbar. Hinzukommt, dass besonders im Einsatz von elektrischen Rollstühlen die Gefahr steigt, PassantInnen aufgrund des Platzmangels anzufahren. Die City-Bound-Aktionen sollten daher an einem übersichtlichen Ort stattfinden, dessen Atmosphäre nicht von einem Tumult geprägt ist. Übersichtlich bedeutet hier, dass das eigene Bewegungsspektrum nicht eingegrenzt oder beeinträchtigt wird.

Wenn bekannt ist, dass bei einem Teilnehmenden mit cerebralen Anfallsleiden bestimmte Einflüsse das Auftreten eines epileptischen Anfalls begünstigen, sollten nur die Aktionen gewählt werden, die außerhalb der einen Anfall provozierenden Faktoren liegen.

City Bound ist kein Konzept, das nur Menschen mit Lautsprache zusteht. Es sind viele Aktionen so angelegt, dass sie auch mit nonverbaler Kommunikation ausgeführt werden können (z. B. Besichtigung von Neuland, Fit macht Fun, Stadtkonzert, Perfektes Dinner). Auch Aktionen, die ein Ansprechen von PassantInnen erfordern, können durchgeführt werden, indem die Leitung oder die anderen Teilnehmenden, die der Lautsprache mächtig sind, als „Übersetzer“ und Vermittler fungieren, oder Hilfsmittel der unterstützten Kommunikation eingesetzt werden.

2.3 Praxishinweise zu Blindheit und Sehbeeinträchtigung

Eine Sehbeeinträchtigung oder Blindheit ist kein Ausschlusskriterium für City-Bound-Aktionen. Doch wie kann die Leitung ermöglichen, dass ein hohes Maß an Eigenwirksamkeit stattfinden kann? Die Leitung kann als BegleiterIn in Form des Blindengriffs und „Stellvertreteraugen“ tätig sein. Wenn es beispielsweise darum geht, in einer Fußgängerzone ein Interview mit PassantInnen durchzuführen, kann die Leitung den TeilnehmerInnen mittels Fragestellungen ermöglichen, die InteraktionspartnerInnen nach eigenen Auswahlkriterien zu bestimmen (z. B. Frauen, Männer, ältere Menschen, Kinder, ein Liebespaar, eine Gruppe von Menschen, eine Familie). Die Leitung und die weitere Begleitperson sollten nicht versäumen, die Umgebung zu beschreiben:

- Wie sieht die Fußgängerzone aus?
- Welche Geschäfte gibt es hier?
- Wie viele PassantInnen befinden sich ungefähr in dieser Straße?
- Aber vor allem auch: Wie war die Mimik und Gestik der InteraktionspartnerInnen? Denn das Lächeln, das das Gegenüber für die blinden oder sehbeeinträchtigten TeilnehmerInnen bereithält, ist nicht immer hörbar.

Wesentlich ist ebenso, dass die Teilnehmenden Blindenbinden tragen, die für die Außenstehenden deutlich sichtbar sind, um auf eine gesteigerte Form der Rücksichtnahme aufmerksam zu machen.

Da bei Menschen, die von einer Blindheit betroffen sind, eine Welterschließung über das visuelle Sinnessystem nicht stattfinden kann, bieten verschiedene City-Bound-Aktionen die Auseinandersetzung mit der Umwelt über andere

Sinneseindrücke (z. B. die Aktion Akustischer Tumult). Auf den ersten Fotos, die während der Umsetzung der Aktionen mit AdressatInnen mit Blindheit entstanden sind, ist aufgefallen, dass diese teilweise einen Schritt hinter der Begleitperson standen, als sie PassantInnen interviewt haben (Abb. 3). Deshalb muss explizit darauf geachtet werden, dass die TeilnehmerInnen unmittelbar neben der Begleitperson stehen um sie auch körperlich in den Interaktionskreis einzubinden (Abb. 4).

Abb. 3: Ausschließender Interaktionskreis

Abb. 4: Gelungener Interaktionskreis

2.4 Praxishinweise zu Hörschädigung

Hörschädigungen betreffen unter anderem Menschen, die schwerhörig, gehörlos, ertaubt oder postlingual schwerhörig geworden sind, sowie Menschen, die ein Cochlea-Implantat tragen. City Bound muss auch hier auf die Bedürfnisse von TeilnehmerInnen mit Hörschädigung zugeschnitten sein. Dabei geht es zum einen um eine möglichst barrierefreie Art der Kommunikation mit dem Umfeld oder Außenstehenden, und zum anderen um eine sichere Fortbewegung innerhalb der Stadt, da die akustische Orientierung in der Umwelt beeinträchtigt ist. Diese eingeschränkte Wahrnehmung auditiver Reize macht es manchen Menschen mit Hörschädigung z. B. nicht möglich, Gefahrenquellen oder Hintergrundgeräusche der Großstadt zu hören oder zu lokalisieren. Daher liegt im Aufgabenbereich der Leitung, die ein City-Bound-Programm mit hörgeschädigten TeilnehmerInnen durchführt, Feuerwehr-, Polizei- und Krankenwagensirenen sowie herannahende Autos oder Fahrräder durch Gebärden oder Zeichen anzukündigen, um ein sofortiges Ausweichen zu ermöglichen.

Insofern die Gruppe heterogen gewählt wird, also Menschen mit und ohne Hörschädigungen an einem City-Bound-Programm teilnehmen, muss darauf geachtet werden, dass bei Bedarf verbale Konversationen, die beispielsweise zwischen Leitung und Teilnehmenden ohne Hörschädigung stattfinden, anschließend in Gebärdensprache übersetzt oder mit sonstigen Verständigungsmitteln kommuniziert werden. Dies verhindert das Ausgrenzen von TeilnehmerInnen mit Hörschädigung und schafft einen gleichberechtigten und transparenten Umgang miteinander. Die Verständigung mit den PassantInnen ist abhängig vom Ausmaß und dem Zeitpunkt des Eintretens der Hörschädigung, aber auch davon, ob zusätzliche Beeinträchtigungen (z. B. Blindheit, geistige Beeinträchtigung) vorliegen. PassantInnen sollten in der Interaktion mit lautsprachlich kommunizierenden, Teilnehmenden mit Hörschädigung beispielsweise darum gebeten werden, die Gesprächspartner anzusehen, um die visuelle Lautspracheperzeption (Lippenlesen) zu ermöglichen.

Außerdem müssen die PassantInnen zu einer langsamen und deutlichen Artikulation sowie zu einem kurzen Satzbau angehalten werden. Um die InteraktionspartnerInnen nicht zu überfordern, ist es hilfreich, die beschriebenen Kommunikationsanforderungen in Form eines übersichtlichen „Merkzettels“ zu veranschaulichen.

Bei hörgeschädigten Teilnehmenden, die ohne Lautsprache kommunizieren, muss die Leitung die Interaktion zwischen Außenstehenden und TeilnehmerInnen gezielt begleiten, da sie als Brücke zu den hörenden Menschen fungiert und beispielsweise als Gebärdensprachdolmetscher wirken kann. Außer der Gebärdensprache könnten je nach Kompetenzen der Teilnehmenden auch Schriftsprache, Schreibtafeln, das Fingeralphabet, Talker, Symbolsysteme und andere Hilfsmittel der unterstützten Kommunikation einbezogen werden.

Um das (akustische) Verstehen der Aktionsinhalte für Menschen mit einer leichten bis mittelgradigen Hörbeeinträchtigung zu sichern, sollten optimale Gesprächsbedingungen geschaffen werden. Die Aufgabenstellung der City-Bound-Aktion muss an einem leisen Rückzugsort vorgestellt werden. Eventuell sollte überlegt werden, die Aktionen bereits vorab, also vor Ankunft in der Stadt zu erläutern, um Lärmquellen gänzlich zu vermeiden.

2.5 Praxishinweise zu herausforderndem Verhalten

Herausfordernde Verhaltensweisen können in verschiedenen Erscheinungsformen auftreten, wie z. B. Auffälligkeiten im Sozialverhalten (Schlagen, Beleidigen, soziale Isolation), Auffälligkeiten im emotionalen Bereich (Schreien, ängstliches Verhalten, mangelndes Selbstwertgefühl), selbstverletzende Verhaltensweisen oder irritierendes Verhalten (Personen beschnuppern, plötzliches Entkleiden) (Theunissen 2011). Besonders bei TeilnehmerInnen mit herausfordernden Verhaltensweisen ist es unabdingbar abzuschätzen, bei welchen City-Bound-Aktionen die Wahrscheinlichkeit steigt, dass herausforderndes Verhalten gezeigt wird (z. B. auto- oder fremdaggressive Tendenzen). Diese Aufgaben müssen vermieden werden, um die Teilnehmenden beispielweise vor starren Blicken oder Kommentaren der Außenwelt zu schützen, aber auch, um außenstehende Menschen nicht zu gefährden. Nicht sinnerfüllend wäre beispielsweise, einen Teilnehmer bei einer Karaoke-Aktion mitzunehmen, obwohl dieser auf einen hohen Lautstärkepegel mit Autoaggressionen reagiert. Es gibt aber nicht nur Verhaltensauffälligkeiten, die sich in aggressiven Tendenzen äußern. So weinte beispielweise eine Teilnehmerin lautstark während der Durchführung einer Aktion in einer Fußgängerzone. Der Auslöser dafür war eine Situation, die einen Tag zurücklag und weder mit der Aktion noch mit den Begleitpersonen oder TeilnehmerInnen in Zusammenhang stand, die Teilnehmerin aber noch belastete.

Für die Praxis bedeutet das, dass entsprechende TeilnehmerInnen bereits im Vorfeld (vor Antritt des City-Bound-Programms) gefragt werden sollten, ob es in vergangenen Tagen Situationen gab, die sie negativ aufgewühlt haben und deshalb Gesprächsbedarf erfordern. Es sollte auch rückgefragt werden, ob sie in der aktuellen emotionalen Verfassung an den City-Bound-Aktionen teilnehmen können oder möchten.

Bei der Erprobung der City-Bound-Aktionen gab es eine Situation, in der eine andere Teilnehmerin sich darauf freute, an unbekannten Menschen zu riechen. In einem Gespräch wurde die Teilnehmerin darüber informiert, dass es zu Irritationen beim Gegenüber führen kann, wenn sie diesen darum bittet, an ihm riechen zu dürfen, und dass es der gesellschaftlichen Gepflogenheit nicht entspricht. Sie wurde gebeten, das Nähe-Distanz-Bedürfnis von unbekannten Menschen möglichst zu akzeptieren.

2.6 Praxishinweise zu Lernbeeinträchtigung

City Bound kann auch mit Menschen, die einen sonderpädagogischen Förderbedarf im Schwerpunkt Lernen haben, durchgeführt werden. Einsatzbereiche, die diese Zielgruppe ansprechen, sind beispielsweise Förderschulen mit dem Förderschwerpunkt Lernen, inklusive Schulen oder auch Reha-Ausbildungen für Menschen mit Lernschwierigkeiten. Die Durchführung von City Bound mit dieser Zielgruppe bedarf nicht der engmaschigen Betreuung, wie es bei den zuvor benannten Formen der Beeinträchtigung geraten wurde. Das heißt, dass diese Zielgruppe während der Durchführung nicht dauerhaft begleitet werden muss, sich die Leitung zurückhalten und zurückziehen kann, und die Aufgabe der Leitung eher in der Anleitung als in der Begleitung liegt. Die Aufgabenstellung einer Aktionen wird von der Leitung verständlich beschrieben, und die TeilnehmerInnen dürfen in einem festgelegten Umfeld die Aktion ohne Anwesenheit der Leitung durchführen. Wichtig ist hierbei, dass die Leitung den späteren Treffpunkt und die Uhrzeit festlegt.

Die Aufgabenstellung wird den TeilnehmerInnen in leichter Sprache (keine komplexen Sätze) mitgegeben und der Text gegebenenfalls zusätzlich mit Piktogrammen hinterlegt. Bevor die Aktion umgesetzt wird, muss sich die Leitung vergewissern, dass der Arbeitsauftrag von den TeilnehmerInnen verstanden wurde. Da Menschen mit Lernbeeinträchtigung in der Regel einen geringeren Unterstützungsbedarf haben als beispielsweise Menschen mit geistiger Beeinträchtigung oder Blindheit, kann die Anzahl an TeilnehmerInnen in einem City-Bound-Programm höher liegen (z. B. zehn TeilnehmerInnen, die in zwei Gruppen die Aktionen umsetzen).

Letztendlich wird das Ausmaß der Begleitung aber auch je nach Alter und Ausprägung der Lernbeeinträchtigung von der Leitung individuell entschieden. Wenn die TeilnehmerInnen mit Lernbeeinträchtigung zusätzlich von einer körperlichen Beeinträchtigung oder Verhaltensauffälligkeiten betroffen sind, muss dies selbstverständlich berücksichtigt werden und beansprucht eine intensivere Begleitung.

3 Auswahl der Aktionen

Wie wählt die Leitung die TeilnehmerInnen und die Aktionen für ein City-Bound-Programm aus? Einen Einfluss darauf haben zwei Auswahlkriterien, die in Abbildung 5 gezeigt werden:

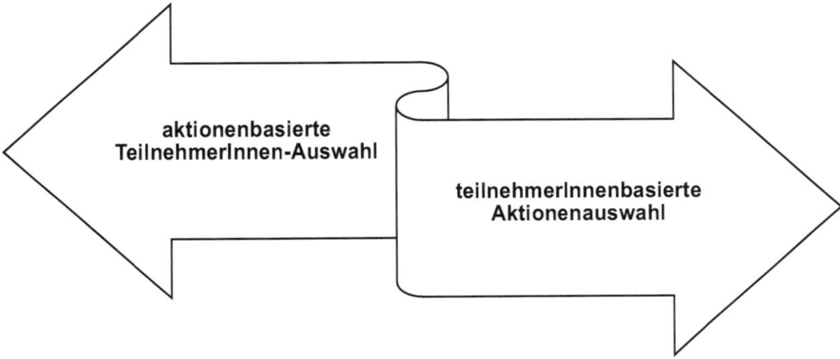

Abb. 5: Richtungsweisende Auswahlkriterien

1. **Aktionenbasierte TeilnehmerInnen-Auswahl**: Die Leitung bereitet Aktionen oder ein Programm vor. Anschließend überlegt die Leitung, welche TeilnehmerInnen aufgrund ihrer Ressourcen und Bedürfnisse an dem Programm teilnehmen könnten. Die Leitung wählt die Teilnehmenden anhand der Aktion.
2. **TeilnehmerInnenbasierte Aktionenauswahl**: Die Gruppe an TeilnehmerInnen, die an einem City-Bound-Programm teilnehmen sollen/möchten, steht bereits fest. Darauf aufbauend plant die Leitung Aktionen ein, die sich an den Bedürfnissen und Ressourcen der TeilnehmerInnen orientiert. Die Leitung wählt die Aktion anhand der Teilnehmenden.

Die Abbildung betrifft eher PädagogInnen, die in einer Förderschule oder in einer stationären Einrichtung der Behindertenhilfe angestellt sind und die Auswahl der TeilnehmerInnen selbst festlegen können. Sie haben die Option, TeilnehmerInnen einer Aktion oder einem City-Bound-Programm zuzuordnen.

Es gibt durchaus City-Bound-Aktionen, von deren Umsetzung mit dieser Zielgruppe abzuraten ist. Aktivitäten, die in diesem Fachbuch aufgelistet sind, zählen jedoch nicht dazu.

Als **Leitsatz** gilt: Es werden **keine Aktionen** ausgewählt und durchgeführt, die

- Menschen mit Beeinträchtigung lächerlich machen oder sie vorführen,
- Menschen mit Beeinträchtigung in eine „Opferrolle" drängen,
- bei PassantInnen ein starkes Unbehagen auslösen,
- von PassantInnen „Materielles" wie z. B. Essen oder Geld fordern,
- ein mangelhaftes Nähe-Distanz-Verhältnis aufweisen.

4 Checkliste für die Leitung

Planung und Vorbereitung sind Schlüsselbegriffe für das Gelingen von City-Bound-Aktionen. Besonders PädagogInnen, die die Teilnehmenden im Alltag betreuen und begleiten, dient der Fragenkatalog als unterstützendes Planungsmedium (Abb. 6). Innerhalb dieser Checkliste hinterfragt die Leitung beispielsweise die Auswahl der Aktionen. Diese Aktionsauswahl ist z. B. nicht auf die Beeinträchtigungsbilder abgestimmt, wenn die visuell-fokussierte Aktion namens „Blickwinkel" in dem Programm eingeflochten ist, obwohl daran ausschließlich Menschen mit einer Blindheit teilnehmen. Die Reihenfolge der Auflistung sagt nichts über die Reihenfolge der tatsächlichen Planung aus. Vieles muss parallel geplant werden.

- ❐ Wurde der Aktionsradius vor der Durchführung des Programmes ausreichend erkundet und ist die eigene Orientierung gesichert?
- ❐ Bieten dieses Gebiet/diese Stadt sowie die Tageszeit eine hohe Wahrscheinlichkeit, dass die Aufgabe bewältigt werden kann?
- ❐ Ist die Auswahl der Aktionen auf die Beeinträchtigungsbilder abgestimmt?
- ❐ Ist die Freiwilligkeit an der Teilnahme des Programms gegeben?
- ❐ Orientieren sich die Aufgaben an den Bedürfnissen und Interessen der TeilnehmerInnen? Können die Ressourcen in die Aufgaben einbezogen werden?
- ❐ Ist die Gruppenkonstellation zur Erreichung der Aktionen förderlich?
- ❐ Ist ein Wechsel aus Aktion und Entspannung im Programmablauf eingeplant?
- ❐ Bieten die Aktionen eine optimale Balance zwischen Sicherheit und Herausforderung?
- ❐ Sind die Aufgaben klar und verständlich formuliert?
- ❐ Reflexion: Ist ein ausreichender Zeitpuffer für Reflexionen eingeplant? Sind die gewählten Reflexionsmethoden angemessen? Ist ein ruhiger Reflexionsort vorhanden?
- ❐ Sind alternative Aktionen („Plan B“) eingeplant?
- ❐ Wurde bei Unsicherheiten Rücksprache mit anderen pädagogischen Fachkräften gehalten?
- ❐ Absprachen: Sind andere Termine an dem Tag des Programmes abgesagt (z.B. Physio- oder Ergotherapie)? Wurde der Termin in den Terminplaner der Wohngruppe/Schule etc. eingetragen, um Transparenz für KollegInnen zu schaffen?
- ❐ Ist ein passendes Fahrzeug (z.B. Auto, Bus) reserviert, um den Durchführungsort zu erreichen?
- ❐ Benötigen die TeilnehmerInnen Notfallmedikamente und/oder Bedarfsmedikamente , die mitgeführt werden müssen?

Abb. 6: Checkliste für die Leitung

5 Hinweise zum Einsatz der City-Bound-Aktionen

Der Einsatz von City-Bound-Aktionen wird von verschiedenen Parametern beeinflusst, die in diesem Kapitel beleuchtet werden. Dieser Rahmenplan erleichtert der Leitung die Organisation und Handhabung von City Bound.

5.1 Grundlegende Informationen

Die grundlegenden Informationen bieten ein Basiswissen für PädagogInnen, die eigene City-Bound-Programme entwerfen und durchführen möchten.

Verkehrssicherheit: Die Stadt ist zwar ein Erlebnisraum, aber kein Spielplatz. Das Stadtleben kann hektisch, laut und unübersichtlich sein. Deshalb darf der Blick für die Sicherheitsaspekte nicht verloren gehen. Die Leitung muss die Gefahrenquellen (z. B. U-Bahn-Gleise, Straßenbahnen, Rolltreppen, allgemeiner Straßenverkehr durch Autos und Busse, Fußgängerampeln, Zebrastreifen) ernst nehmen, die bei der Fortbewegung in der Stadt vorkommen können. Denn es ist nicht immer gegeben, dass alle TeilnehmerInnen die Gefahren selbstständig einschätzen können. Als Grundregel gilt, dass die Verkehrsregeln eingehalten werden.
Auswahl der Teilnehmenden: Die Gruppe muss nicht homogen gewählt werden. Das heißt, dass auch TeilnehmerInnen mit unterschiedlichen Beeinträchtigungsbildern an einem Programm teilnehmen sollen/können. Die Gruppendynamik lebt auch davon, dass sowohl die eigenen Stärken und Schwächen wahrgenommen, aber auch die Ressourcen der anderen Teilnehmenden erkannt werden. Die einzelnen Gruppenmitglieder können von Aktion zu Aktion in andere Rollen eintauchen. Mal stehen sie aufgrund ihrer Kompetenzen im Mittelpunkt, und ein anderes Mal lassen sie sich von anderen TeilnehmerInnen durch die Aktion leiten. Ob eine führende oder zurückhaltende Position in der Umsetzung von City Bound eingenommen wird, ist abhängig von der Gruppenkonstellation, den Persönlichkeitsaspekten, Ressourcen, Bedürfnissen und dem Anforderungsprofil der einzelnen Aktionen.

Von einer heterogenen Gruppenzusammensetzung (bezogen auf die Beeinträchtigung) ist abzuraten, wenn ein Programm und deren Lerninhalte für TeilnehmerInnen mit einer spezifischen Beeinträchtigung (z.B. für Menschen mit Sehbehinderung oder Hörschädigung) entworfen wurden.
Zusätzliches Betreuungspersonal: Die Leitung kann in verschiedenen City-Bound-Programmen nicht für alle Einzelheiten Sorge tragen. Deshalb ist es von Vorteil, wenn sie durch eine zusätzliche pädagogische Fachkraft entlastet und unterstützt wird. So können Aufgaben in der Vorbereitung und während der Durchführung aufgeteilt werden. Je nach Gruppengröße werden mehrere unterstützende PädagogInnen erforderlich. Teilweise kann es auch sinnvoll sein, die Gruppe zeitweise aufzuteilen, indem beispielsweise die pädagogische Begleitperson einen Teilnehmer bei einer Einzelaufgabe begleitet, während die Leitung mit den zwei oder drei anderen Teilnehmenden der Gruppe eine Gruppenaufgabe umsetzt.
Ruhezeiten: Bei City-Bound-Programmen ist besonders darauf zu achten, dass die Aktionsdauer an die Bedürfnisse der Teilnehmenden angepasst wird und Raum für Ruhezeiten zwischen den Aktionen eingeplant ist. Neue Erfahrungen, Begegnungen und die Abenteuer, die während der Umsetzung der Aktionen erlebt werden, lösen bei TeilnehmerInnen sowie der Leitung einen Zustand der Erschöpfung aus. Dieses sollte aber nicht als negativ gewertet werden. Es ist vielmehr so, dass die Erlebnisse Spuren in den Köpfen und Herzen hinterlassen, die verarbeitet werden müssen. Diese Verarbeitung kostet Körper und Geist entsprechend Energie.
Reflexion: Reflexionsprozesse sind in jedem City-Bound-Programm unumgänglich. Die Reflexion kann entweder unmittelbar nach den einzelnen Aktionen oder zeitnah als Abschlussphase stattfinden (Teil IV).

5.2 City-Bound-Programme

Einige City-Bound-Aktionen können miteinander kombiniert werden, sodass aus zwei oder mehreren Aktionen ein City-Bound-Programm von drei bis acht Stunden oder mehreren Tagen gestaltet werden kann. So wurde ein Programm namens „Winterwunderland" erprobt, das vier Aktionen (u.a. Freude im Glas und Lichterfunkeln) beinhaltete. Es lassen sich vielfältige Programme mit thematischen Kontexten oder Lernschwerpunkten entwerfen, wie z.B. Auseinandersetzung mit anderen Lebenswelten, Toleranztraining, Sinneswahrnehmung, Mobilitätstraining.

Die Reihenfolge der Aktionen muss nicht starr beibehalten werden, da die Durchführung immer prozess- und bedürfnisorientiert umgesetzt wird. Die

Leitung kann im Vorfeld die Aktionen so festlegen, dass die Reihenfolge von einem leichten bis hin zu einem steigenden Schwierigkeitsgrad gewählt wurde. Diese Einteilung des Schwierigkeitsgrades ist jedoch subjektives Empfinden der Leitung und muss nicht zwangsläufig der Wahrnehmung der TeilnehmerInnen entsprechen. Deshalb bietet es sich für manche teilnehmenden Gruppen an, das Programm zu Beginn vorzustellen, um einen Überblick über die einzelnen Aktionen zu erhalten und entweder zu Beginn oder während der Programmdurchführung die Reihenfolge der Aktivitäten umzustellen.

Wenn die Leitung merkt, dass die TeilnehmerInnen bei einer bestimmten Aktion ausgiebig positive Erfahrungen sammeln oder von dieser im besonderen Maße begeistert sind, kann diese Aktivität auch verlängert umgesetzt werden. Das Programm kann dann dementsprechend um eine Aktion gekürzt werden, da es gewinnbringender ist, sich mit einer Aktion ausführlicher zu beschäftigen und dafür eine Aktion zu streichen, als sie unter Zeitdruck zu bewältigen. Zeitweise können einzelne Teilnehmende in einem City-Bound-Programm auch eine beobachtende Position einnehmen, wenn dieses beispielsweise so zusammengestellt wurde, dass nur drei von vier Aktionen für sie geeignet sind. City Bound bedeutet nicht, alles zu können, alles zu müssen, alles zu wollen oder alles zu machen. Die entsprechenden TeilnehmerInnen beobachten die anderen TeilnehmerInnen bei der Durchführung der bestimmten Aktion, die für sie selbst ungeeignet ist. Es wird sich in Geduld geübt, sich zurückgehalten und die Fremdwahrnehmung geschult. Selbstverständlich werden entsprechende TeilnehmerInnen in diesem Prozess nicht alleine gelassen, sondern von einer Betreuungsperson begleitet. Wenn die Leitung als einzige pädagogische Fachkraft durch das Programm führt, ist beschriebenes Szenario nicht möglich.

Manche City-Bound-Aktionen verfügen bereits alleine über das Potenzial eines ganzen Programmes, da sie zeit- und erlebnisintensiv sind, wie z. B. „Gemeinsam Vielfältiges erleben“, „Profi in eigener Sache“, „Perspektivwechsel“, „Zeit, die läuft“, „Jahreszeitendokumentation“ und „Stadtkonzert“.

5.3 Anzahl an TeilnehmerInnen

Bereits im Vorfeld muss sich die Leitung intensiv damit auseinandersetzen, wie viele Teilnehmende bei bestimmten City-Bound-Programmen mitmachen können. Von einer Leitung und einer weiteren pädagogischen Fachkraft können erfahrungsgemäß bestenfalls durchschnittlich drei bis acht TeilnehmerInnen begleitet werden. Es ist aber auch möglich, dass die Leitung eine Aktion mit einem/einer einzelnen TeilnehmerIn durchführt (z. B. die Aktion Barrierefreie

Reise). Es gibt mehrere Einflussfaktoren, die auf die Entscheidung der Gruppengröße wirken.

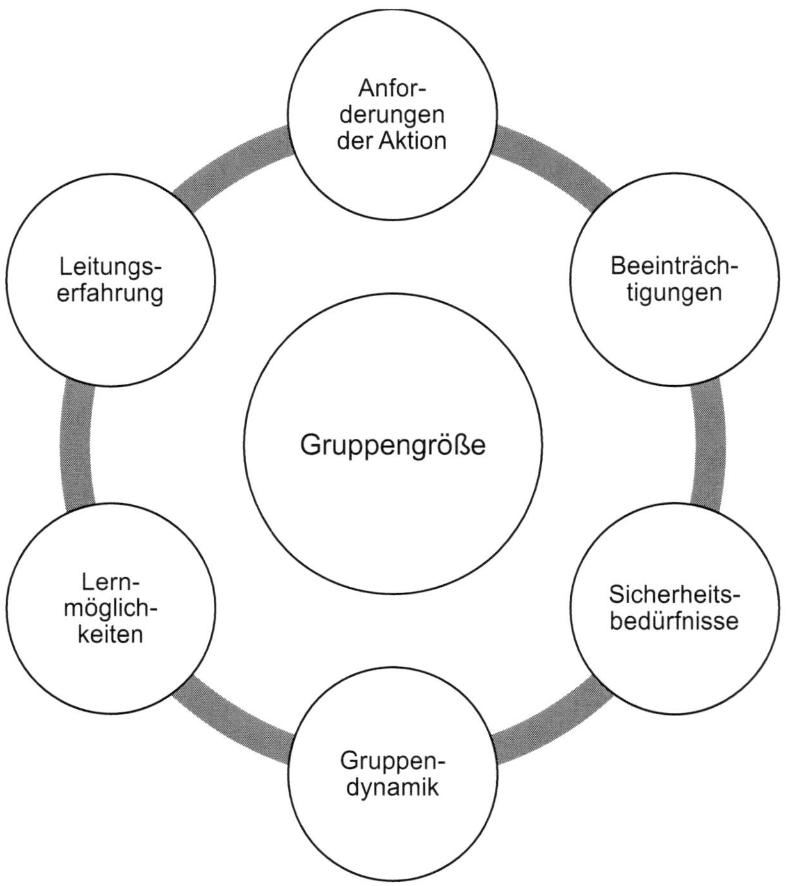

Abb. 7: Einflussfaktoren der Gruppengröße

Anforderung der City-Bound-Aktionen: Wie eng muss eine Begleitung je nach Schwierigkeitsgrad oder Herausforderung, die eine Aktion darstellt, sein? Umso diffiziler die Aufgabe, umso kleiner sollte die Gruppengröße sein. Auf der anderen Seite gibt es aber auch City-Bound-Aktivitäten, die eine gewisse Anzahl an TeilnehmerInnen voraussetzen, um einen Erfolg zu sichern. Zum Beispiel wirkt ein „Stadtkonzert" bei einer Gruppengröße von mindestens drei TeilnehmerInnen anders, als die Aktion in Form einer Einzelaufgabe durchzuführen.

Der Schweregrad der Beeinträchtigung einzelner TeilnehmerInnen: Manche Beeinträchtigungsbilder erfordern eine engmaschigere Begleitung, sodass die Gruppengröße klein gehalten werden muss, um noch qualitativ hochwertig arbeiten zu können und den einzelnen TeilnehmerInnen gerecht zu werden. Darunter zählen beispielsweise Blindheit, stark ausgeprägte herausfordernde Verhaltensweisen, Autismus, schwere geistige Beeinträchtigung und bestimmte Formen körperlicher Beeinträchtigung. Bei TeilnehmerInnen mit einer Lernbeeinträchtigung kann die Gruppengröße wesentlich höher liegen als bei zuvor benannten Zielgruppen.

Sicherheitsbedürfnisse der TeilnehmerInnen: Menschen empfinden bestimmte Geschehnisse im Leben als gefährlich, überfordernd, heraus- oder unterfordernd, langweilig, motivierend. Die Interpretation der einzelnen Situationen nehmen Menschen aufgrund eigener Erfahrungen oder Unerfahrenheit unterschiedlich wahr. Umso höher die Sicherheitsbedürfnisse einzelner TeilnehmerInnen sind, desto minimaler sollte die Anzahl der Gruppenmitglieder sein.

Gruppendynamische Prozesse: In der Auswahl der TeilnehmerInnen sollte die Leitung im Vorfeld das Verhältnis der Teilnehmenden untereinander beleuchten. Allerdings stellt eine vermeintliche Harmonie keine Garantie für einen Ausschluss an Konflikten dar. Des Weiteren ist ein gruppenübergreifendes Arbeiten empfehlenswert (aber kein Muss!). Das bedeutet, dass TeilnehmerInnen, die beispielsweise in unterschiedlichen Wohngruppen oder Schulklassen sind, die Chance erhalten, sich innerhalb von City-Bound-Aktionen besser kennenzulernen und gegebenenfalls den Kontakt im Anschluss auszubauen.

Auswahl nach spezifischen Lernmöglichkeiten: Wenn das pädagogische Potenzial einer Aktion beispielsweise in der Orientierung liegt, ist das Gelingen nicht an die Teilnahme eines zweiten Gruppenmitglieds geknüpft. So kann die Leitung auch in einer Eins-zu-eins-Betreuung agieren. Wenn der Schwerpunkt einer City-Bound-Aktion aber auf dem sozialen Lernen innerhalb des Gruppengefüges ausgelegt ist, ist eine Gruppengröße von mindestens drei TeilnehmerInnen angemessen.

Erfahrung der Leitung: Als Leitung zu agieren, setzt ein hohes Maß an eigenem Zutrauen und Verantwortung voraus. Die Durchführung von City Bound mit Menschen mit Beeinträchtigung entspricht bisher noch nicht dem Arbeitsalltag von pädagogischen Fachkräften. Aufgrund dessen bestehen anfänglich keine Routine oder Erfahrungswerte, die der Leitung ein beruhigendes Gefühl vermitteln. City Bound fordert nicht nur die TeilnehmerInnen, sondern auch die Leitung auf, aus ihrer Komfortzone zu treten. Zum Einstieg ist es empfehlenswert, die Gruppengröße bewusst klein zu halten (z.B. zwei pädagogische Fachkräfte begleiten zwei bis drei TeilnehmerInnen), um eine Überforderung aufgrund einer zu groß ausgewählten Gruppengröße zu vermeiden (Abb. 7).

Teil III
City-Bound-Aktionen

1 Hinweise zur Darstellung der City-Bound-Aktionen

Die Beschreibung der einzelnen City-Bound-Aktionen erfolgt nach einem einheitlichen Schema, das detaillierte Hinweise zum Einsatz der Aktivitäten gibt.

Aufgabenstellung:
Die Aufgabenstellung ist so formuliert, dass die TeilnehmerInnen direkt angesprochen werden. Die Formulierungen müssen von der Leitung so abgewandelt werden, dass die Aktionen für alle nachvollziehbar und verständlich sind.
Einzel- oder Gruppenaufgabe:
Die Frage, welche Aktionen in Einzelaufgabe, in einer Zweiergruppe oder als Gruppenaufgabe ausgeführt werden, lässt sich teilweise erst während des Prozesses klären. Im Vordergrund stehen die Spontaneität, Selbst- und Mitbestimmung der TeilnehmerInnen und die Beachtung gruppendynamischer Prozesse. Es kann vorkommen, dass eine ursprünglich geplante Gruppenaufgabe von einem Teilnehmer im Alleingang bewältigt oder anders herum eine entworfene Einzelaufgabe gemeinsam gemeistert wird, weil andere Teilnehmende um Unterstützung gebeten wurden. Grundlegend ist eine Vielzahl an Aktionen sowohl als Gruppenaufgabe als auch als Einzelaufgabe geeignet. Eine sinnvolle Gruppengröße ist von verschiedenen Faktoren abhängig und die Entscheidung darüber muss daher selbstständig von der Leitung getroffen werden (Teil II, Kap. 5.3).
Besonders geeignet für:
Diese Kategorie zeigt an, für welche Zielgruppe die Aktion besonders geeignet ist, da entweder die geforderten Kompetenzen und Ressourcen bereits vorhanden sind, über die die TeilnehmerInnen verfügen sollten, um die Aktivität zu bewältigen, oder weil die Lernmöglichkeiten auf diese Adressatengruppe zugeschnitten wurde. Alle Aktionen sind für Menschen mit einer (leichten bis mittelgradigen) geistigen Beeinträchtigung geeignet und werden daher in dieser Spalte nicht namentlich aufgeführt. Umso höher der Schweregrad der kognitiven Beeinträchtigung, desto herausfordernder ist die Umsetzung der Aktionen und bedarf gegebenenfalls mehr Unterstützung seitens der Leitung.

Wenn in dieser Kategorie bspw. bei der Aktion „Akustischer Tumult“ von „besonders geeignet für Menschen mit Sehbeeinträchtigung und Blindheit“ gesprochen wird, bedeutet das nicht, dass die Aktion für Menschen mit Lernbeeinträchtigung nicht sinnvoll sei oder dass diese Zielgruppe an der Teilnahme ausgeschlossen werden sollte. Besonderheiten und Beeinträchtigungen, die für die Umsetzung der Aktion hinderlich oder ungünstig sind (konkret: „Für wen ist die City-Bound-Aktion nicht geeignet?"), werden in diesem Bereich ebenso angesprochen. Dass die Aktion für bestimmte TeilnehmerInnen kontraindiziert ist, kann zum einen daran liegen, dass sie entsprechende Ressourcen oder Kompetenzen, die zur Bewältigung der Aufgabe erforderlich sind, nicht oder nur eingeschränkt besitzen, oder zum anderen die Lernziele unpassend sind, die innerhalb der Aktion angebahnt werden (z. B. die visuelle Orientierung bei „Nadel im Heuhaufen" für Teilnehmende mit Blindheit).

Pädagogisches Potenzial und Lernmöglichkeiten:
Benannt werden in dieser Kategorie die Kompetenzen und Lernmöglichkeiten, die bei der Umsetzung der einzelnen Aktionen gefordert und erweitert werden. Alle Aktionen bewirken bei den Teilnehmenden das Gefühl von Selbstwirksamkeit und eine Steigerung der Frustrationstoleranz, wenn ein Teilerfolg erzielt oder die gesamte Aufgabe bewältigt wird. Deshalb werden diese beiden Lernziele bei der Auflistung der pädagogischen Potenziale nicht extra aufgeführt. Auch die Erweiterung der Sozial- und Alltagskompetenz sowie die Förderung der Persönlichkeitsentwicklung sind in den Aktionen allgegenwertig und werden daher nicht zusätzlich aufgelistet.

Vorbereitung:
Diese Rubrik veranschaulicht, was vorab geleistet werden muss, damit die Aktion umgesetzt werden kann. Die Vorbereitung wird entweder von der Leitung und Begleitperson übernommen oder die TeilnehmerInnen werden bereits einbezogen.

Zeitliche und materielle Angaben:
Die Angaben zu Zeit und Material beziehen sich auf die Durchführung der Aktion und nicht auf die Vorbereitung und auch nicht auf die Reflexion. Ein Teil der Vorbereitung wird von der Leitung übernommen, und mehrere Aktionen beziehen die Teilnehmenden bereits in der Vorbereitung ein. Auch die Fahrzeit von beispielsweise einer Institution der Behindertenhilfe, die im ländlichen Raum angesiedelt ist, bis in die Stadt muss individuell eingeplant und berücksichtigt werden. Da City Bound von einer Unvorhersehbarkeit getragen wird, sind die Zeitangaben lediglich als Richtwerte zu betrachten und dienen der Leitung als grobe Orientierung. Das Zeitmanagement übernimmt die Leitung, oder es wird ein Zeitwächter ausgewählt, der erforderliche Kompetenzen (z. B. Uhrzeit lesen, zeitliche Auffassungsgabe) besitzt. Jedoch stehen die TeilnehmerInnen nicht unter dem zeitlichen Druck, dass eine Aktion abgebrochen wird, wenn der zeitliche Richtwert überschritten wurde. Das Ergebnis und die

Lernmöglichkeiten stehen im Mittelpunkt und nicht die Zeit, in der die Aktion bewältigt wird.

Anders ist hier der Schwierigkeitsgrad bei der Durchführung mit nichtbeeinträchtigten Jugendlichen, die alleine eine Aktion in einem vorgegebenen zeitlichen Umfang bewältigen sollen und nach dieser Zeit die Ergebnisse zusammentragen.

Die Materialbeschaffung ist zumeist mit einem geringen zeitlichen und finanziellen Aufwand verbunden.

Ort:

Insofern die Bewältigung der City-Bound-Aktion von gewissen räumlichen Gegebenheiten abhängig ist, werden örtliche Angaben aufgeführt.

2 50 City-Bound-Aktionen

Als Anregung für eine Durchführung von City Bound mit Menschen mit Beeinträchtigung dienen der Leitung 50 Aktionen. Die Auflistung der Aktionen erhalten genauere Informationen über die Aufgabenstellung, Einteilung in Gruppen oder Einzelaufgabe, zeitliche und örtliche Angaben, Materialbedarf, Vorbereitung, pädagogisches Potenzial und für welche Zielgruppe die Aktion besonders geeignet oder ungeeignet ist. Manche Aktionen beinhalten auch Hinweise oder Varianten, um die Aufgabe zu erweitern. Die alphabethisch aufgeführte Ideensammlung sollte nicht als endgültige und einzig richtige Möglichkeit verstanden werden, City Bound umzusetzen. Vielmehr dient sie als Anreiz, Motivation und Grundgerüst. Wie der Ideenpool erweitert werden kann, veranschaulicht Teil III, Kapitel 3.

Akustischer Tumult

Aufgabenstellung: Setzt euch ein paar Minuten an verschiedene Orte, wie z. B. an eine Einkaufspassage, in ein Café, in eine Bibliothek und an einen Bahnhof. Achtet auf die Geräusche, die ihr in der Zeit wahrnehmt. Notiert diese mit eurer Leitung, wenn ihr noch vor Ort seid. Vergleicht am Ende die Geräusche und die Lautstärke an den verschiedenen Orten miteinander. Welche Orte habt ihr als akustisch angenehm empfunden, welche haben euch gereizt, gestresst etc.?
Eignung als: Gruppenaufgabe (maximal 4 TeilnehmerInnen) und Einzelaufgabe
Besonders geeignet für: Menschen mit Sehbeeinträchtigung und Blindheit, nicht geeignet für Menschen mit einer geringen Hörleistung.
Pädagogisches Potenzial und Lernmöglichkeiten: Schulung der auditiven Wahrnehmung, unterscheiden und vergleichen, Beobachtungsgabe, Konzentration, diverse Atmosphären an Orten (z. B. ruhig, hektisch) wahrnehmen und sich darauf einlassen, Anpassungsfähigkeit

Vorbereitung: Die Orte, die akustisch erkundet werden sollen, werden festgelegt.
Zeit: abhängig von der Auswahl und Anzahl der Orte sowie die Zeitspanne des Aufenthalts

Material: Stift, Papier
Ort: Einkaufspassage, Café, Bibliothek, Bahnhof, Stadtwald, Friedhof, Kneipe, Supermarkt, Kirche, verschiedene Stadtteile, Wiese an einem Fluss, Baumarkt, Museum etc.
Variante: Der Schwierigkeitsgrad kann bei sehenden TeilnehmerInnen gesteigert werden, indem sie eine Blindenbinde tragen, während sie an den verschiedenen Orten sind.
Hinweis: Je nachdem, wie viele verschiedene Orte besucht werden sollen, kann die Aktion auch in mehreren Terminen stattfinden. Dies mindert die Gefahr einer Reizüberflutung und des Konzentrationsmangels.

Darauf achten, dass Orte der Ruhe (z.B. Bibliothek, Friedhof, Kirche, Museum) durch mögliche laute Diskussionen oder Fragen der TeilnehmerInnen nicht gestört werden.

Barrierefreie Reise

Abb. 8: Barrierefreie Reise

Aufgabenstellung: Begebt euch mit eurem Rollstuhl, Rollator oder Blindenstock in die Stadt auf die Suche nach alternativen Wegen von Punkt A nach Punkt B. Findet den für euch barrierefreiesten Weg (Abb. 8).
Eignung als: Einzelaufgabe und Gruppenaufgabe (bevorzugt ist eine homogene Gruppe)
Besonders geeignet für: Menschen mit körperlicher Beeinträchtigung und Menschen mit Blindheit.
Pädagogisches Potenzial und Lernmöglichkeiten: Absprachen und Koordination in der Gruppe, Orientierung, Problemlösung, Flexibilität, sich auf Neues/neue Wege einlassen, Erkundung des Lebensraumes, Freiräume (und Grenzen) entdecken, Beobachtungsgabe, Verkehrssicherheit

Vorbereitung: Der Start- und Zielpunkt wird festgelegt. Falls es unbekannte Punkte sind, werden diese in einer Karte verzeichnet.
Zeit: je nach Distanz der Wege ca. 1–3 Stunden
Material: Stadtplan/Karte

Ort: Es kann hier auch eine Wegstrecke innerhalb des Dorfes oder des Stadtteils sein, in dem die TeilnehmerInnen leben.
Hinweise: Sinnvoll ist es, Punkte zu wählen, die für die TeilnehmerInnen von Bedeutung sind (z. B. der Weg von der Schule/Wohneinrichtung zur Eisdiele, zum Park oder zu Freunden). Es können auch öffentliche Verkehrsmittel mit einbezogen werden.

Besichtigung von Neuland

Aufgabenstellung: Besichtigt zusammen mit der Leitung einen Ort, für den ihr euch interessiert (z. B. Mülldeponie, Fabrik, Autowerkstatt, Apotheke, Bauernhof, Post, Kino, Museum, Fitnessstudio, Bahnhofsmission, AIDS-Hilfe, Einkaufsmarkt, Flughafen, Polizei, Feuerwehr, Zeitungsredaktion).
Eignung als: Gruppenaufgabe und Einzelaufgabe
Besonders geeignet für: erkundungsfreudige und geduldige Menschen (falls es sich um eine längere Besichtigung handelt oder diese in Form einer Führung stattfindet); Die Teilnahme eines Menschen mit Verhaltensauffälligkeiten muss individuell hinterfragt werden.
Pädagogisches Potenzial und Lernmöglichkeiten: Sensibilität für andere Lebenswelten, Wissenserweiterung, Interessen entwickeln und erweitern, Konzentration, sich auf Neues einlassen, Achtung und Wertschätzung vor der Arbeit anderer

Vorbereitung: Es müssen ein Kooperationspartner gefunden und ein Besichtigungstermin festgehalten werden.
Zeit: abhängig vom Besichtigungsort und der Führung
Material: sofern die Führung/Besichtigung kostenfrei ist, eventuell ein kleines Gastgeschenk
Hinweis: Der Besichtigungsort sollte für die entsprechenden TeilnehmerInnen barrierefrei sein, z. B. bietet das Schokoladenmuseum in Köln eine Spezialführung für Menschen mit Blindheit und Sehbeeinträchtigung an. Dabei ist es wichtig, dies vorab telefonisch abzuklären, oder die Leitung überprüft im Vorfeld die Barrierefreiheit durch einen kurzen Besuch.

Blickwinkel

Aufgabenstellung: Setzt euch an einen Platz und erratet, was mit dem Hinweis: „Ich sehe was, was du nicht siehst, und das ist …“ gemeint ist.
Eignung als: Gruppenaufgabe
Besonders geeignet für: Menschen, die eine gute visuelle Auffassungsgabe haben und sich verbal oder nonverbal (in Gebärdensprache) gezielt äußern können; kontraindiziert ist diese Aktion für Menschen mit Blindheit.
Pädagogisches Potenzial und Lernmöglichkeiten: Kommunikation, visuelle Wahrnehmung, Konzentration, Annahme und Wertschätzung gegenüber dem Hinweisgeber, Bewusstwerdung der vielfältigen Umgebung

Vorbereitung: Die Leitung kann im Vorfeld einen geeigneten Platz für die Aktion wählen.
Zeit: ca. 1 Stunde
Material: /
Ort: Umso vielfältiger und größer der Aktionsort ist, umso differenzierter können die Hinweise zum Erraten gewählt werden.
Hinweis: Bei dieser Aktion können sich die TeilnehmerInnen abwechseln, sodass alle einmal einen Hinweis gegeben haben, nach dem die anderen Ausschau halten. Hinweise könnten sein: „Ich sehe was, was du nicht siehst und das ist ein Gebäude/ein roter Pullover/eine Pflanze/ein Straßenschild …“ Das Erraten beschränkt sich also nicht nur – wie sonst üblich – auf Farben.

Brieffreundschaft

Aufgabenstellung: Finde eine unbekannte Person (z. B. eine/n MitbürgerIn), mit der du eine Brieffreundschaft eingehst und in der ihr euch mindestens ein halbes Jahr lang Briefe oder E-Mails schreibt.
Eignung als: Einzelaufgabe
Besonders geeignet für: Menschen, die kontaktfreudig, aber nicht distanzlos sind; Menschen mit Lernbeeinträchtigung; Es ist nicht zwingend erforderlich, dass der/die TeilnehmerIn schreiben und lesen kann, da die Leitung diese Aufgaben übernehmen könnte, insofern sich der/die TeilnehmerIn in seiner/ihrer Privatsphäre nicht gestört fühlt.
Pädagogisches Potenzial und Lernmöglichkeiten: Kommunikation, Selbstwertgefühl, Kontakte pflegen, Sensibilität für andere Lebenswelten, Kennenlernen anderer Lebensentwürfe, geeignetes Nähe-Distanz-Verhalten, zwischenmenschliche Beziehungen verantwortungsvoll gestalten.

Vorbereitung: Es wird eine ehrenamtliche Person gesucht (z. B. im Bekanntenkreis der MitarbeiterInnen, oder EhrenamtlerInnen der Einrichtung). Insofern die „Brieffreundschaft“ über E-Mails erfolgen soll und noch keine Adresse vorhanden ist, muss eine entsprechende E-Mail-Adresse erstellt werden.
Zeit: auch abhängig von dem Unterstützungsbedarf, die die Brieffreundschaft erfordert
Material: Papier, Stift, Briefmarken, Postumschläge oder internetfähiger Computer
Ort: Wenn Briefe versendet werden, kann die Post zwecks Briefmarken und Absenden aufgesucht werden.
Hinweis: Die Leitung muss darauf achten, dass kein Missbrauch oder Grenzüberschreitungen stattfinden. Deswegen wird bereits zu Beginn mit den TeilnehmerInnen besprochen, was Tabuthemen sind und dass sie umgehend auf die Leitung oder anderen Vertrauten zukommen sollen, wenn das Gegenüber ein Tabuthema anspricht.

Darf ich vorstellen

Aufgabenstellung: Macht am Tag der offenen Tür in eurer Einrichtung/Schule mit ein bis zwei Besuchergruppen eine kleine Rundführung.
Eignung als: Gruppenaufgabe
Besonders geeignet für: kommunikative und kontaktfreudige Menschen, die (unter Anleitung) die Einrichtung für andere Menschen verständlich präsentieren können, Menschen mit Lernbeeinträchtigung; Schwerwiegende kognitive und kommunikative Einschränkungen verhindern die Bewältigung der Aufgabe.
Pädagogisches Potenzial und Lernmöglichkeiten: Kommunikation, Kooperation in der teilnehmenden Gruppe, Organisation und Planungsgeschicklichkeit, verständliche Vermittlung von Informationen, für den eigenen Lebensbereich einstehen und sprechen, Profi in eigener Sache sein, Erweiterung des Handlungsrepertoires, Selbstvertrauen

Vorbereitung: Eine strukturierte Rundführung wird entworfen und gegebenenfalls „einstudiert“/gelernt.
Zeit: pro Rundführung ca. 30 Minuten
Material: eventuell Flyer oder Konzeption der Einrichtung als Give-away für die BesucherInnen
Ort: Wohneinrichtung, Schule, WfbM, Tagesstätte etc.

Variante: Die TeilnehmerInnen könnten wenige Tage vor dem „Tag der offenen Tür“ explizit MitbürgerInnen ansprechen und zu einer Rundführung einladen.

Designertasche

Aufgabenstellung: Ihr seid Designer einer neuen Kollektion von Stofftaschen. Allerdings gingen euch die Ideen für Motive aus. Deshalb bittet ihr MitbürgerInnen, euch bei der Kreation zu unterstützen, indem diese frei gestalten können, was sie auf die Stofftaschen malen oder schreiben (Abb. 9).

Eignung als: Gruppenaufgabe und Einzelaufgabe

Besonders geeignet für: Menschen, die das Ergebnis der Designertasche visuell erfassen können und die Ideen von anderen Menschen anerkennen.

Abb. 9: Designertasche

Pädagogisches Potenzial und Lernmöglichkeiten: Kommunikation, Selbst- und Fremdwahrnehmung, Menschen dazu ermutigen, sich künstlerisch zu betätigen (Motivationsarbeit leisten), Veränderungsprozesse wahrnehmen, Kreativität anderer wertschätzen, Lob aussprechen

Vorbereitung: Es werden Jutebeutel oder Stofftaschen sowie Textilstifte gekauft. Jeweils ein „Motiv“ (oder Farbstriche etc.) wird von TeilnehmerInnen auf die Tasche gemalt.

Zeit: ca. 1 Stunde

Material: Jutebeutel / Stofftasche, Textilstifte

Variante: Es kann ein bestimmtes Thema vereinbart werden, dass sich in der Tasche widerspiegelt (z. B. Blumen, Lebensmittel, Freundschaft, Liebe).

Hinweis: Wenn alle TeilnehmerInnen jeweils eine eigene Tasche zur Bewältigung der Aktion bekommen, kann die Designertasche im Anschluss als Erinnerung dienen oder auch im Alltag genutzt werden.

Ein Herz für die Umwelt

Aufgabenstellung: Sammelt/entsorgt den Müll in einem bestimmten Gebiet. Achtet darauf, was die Menschen auf den Boden und in die Natur werfen (z. B. Essensreste, Kronkorken, Zigarettenstummel, Papier und Plastik).
Eignung als: Gruppenaufgabe und Einzelaufgabe
Besonders geeignet für: Menschen, denen die Umwelt am Herzen liegt.
Pädagogisches Potenzial und Lernmöglichkeiten: Sensibilität, Umweltschutz, Achtung und Respekt vor der Umwelt, ordnungsgemäße Müllentsorgung, verantwortungsvoller Umgang mit der Natur und mit den Ressourcen der Erde, Sparsamkeit

Vorbereitung: /
Zeit: 1–2 Stunden
Material: Mülltüten oder Stofftaschen zum Sammeln des Mülls, ggf. Schutzhandschuhe und Handdesinfektionsmittel
Ort: z. B. Grünflächen der Stadt, Park, Stadtwald
Variante: Es können weitere Punkte, worauf sich die TeilnehmerInnen konzentrieren sollen, besprochen werden: „Befindet sich in der Nähe des gefundenen Abfalls ein Mülleimer? Welche Beweggründe kann es für Menschen geben, den Müll nicht ordnungsgemäß zu entsorgen? Was können Folgen von Umweltverschmutzung sein?“
Hinweis: Je nachdem, in welcher Gegend das Sammeln und Entsorgen von Abfällen etc. stattfindet, sollten die TeilnehmerInnen Schutzhandschuhe tragen. Besondere Vorsichtsmaßnahmen sind bei Scherben zu treffen.

Um mögliche Stigmatisierungsprozesse zu mindern, sollten die TeilnehmerInnen eher kleine und unauffälligere Taschen zum Sammeln bei sich tragen oder die einzelnen Müllteile direkt zum Abfalleimer bringen.

Erlebnisse buchen

Aufgabenstellung: Nehmt an einem individuellen Tagesprogramm teil (z. B. Teamtraining, Kanufahrt, Klettern, kooperative Abenteuerspiele oder ein City-Bound-Programm), das ein erlebnispädagogischer Verein für euch zusammengestellt hat und mit euch durchführt.
Eignung als: Gruppenaufgabe
Besonders geeignet für: Menschen, die das Abenteuer und die Abwechslung suchen.

Pädagogisches Potenzial und Lernmöglichkeiten: Erleben und Spaß, Gemeinschaftsgefühl erleben, Grenzerfahrungen; Weitere Potenziale sind abhängig von dem Tagesprogramm.

Vorbereitung: Es müssen ein geeigneter erlebnispädagogischer Verein gefunden und ein Programm gebucht werden.
Zeit: halb- oder ganztägig
Material: Das Material stellt der erlebnispädagogische Verein zur Verfügung.
Hinweis: Manche erlebnispädagogische Vereine kommen sogar in die Einrichtung oder Schule, um das Programm mit den TeilnehmerInnen durchzuführen.

Fantasiemensch

Aufgabenstellung: Setzt euch an eine bestimmte Stelle, von der aus ihr andere sitzende Menschen gut beobachten könnt. Wählt einen Menschen oder eine Gruppe aus, über die ihr euch eine Geschichte einfallen lasst. Eure Fantasie kann beispielsweise beschreiben, was die Person gerne oder nicht gerne tut, ob sie Kinder und Tiere hat, welchen Beruf sie ausübt, wie alt sie ist und was sie gerne isst.
Eignung als: Gruppenaufgabe und Einzelaufgabe
Besonders geeignet für: erfindungsreiche, fantasievolle „Geschichtenerzähle-rInnen"; Menschen mit akuten Psychosen sollten mit dieser Aktion nicht konfrontiert werden.
Pädagogisches Potenzial und Lernmöglichkeiten: Fantasie, Respekt, mit dem Nicht-Wissen / Unbekannten „spielen", Interesse für andere Lebensentwürfe entwickeln, Imaginationsprozesse zulassen, Ideen anderer TeilnehmerInnen anerkennen, Auseinandersetzung mit der eigenen Biografie

Vorbereitung: Es sind keine Vorbereitungen notwendig. Allerdings muss die Leitung unmittelbar vor Beginn der Aktionsumsetzung auf eine respektvolle Beschreibung hinweisen.
Zeit: ca. 20 – 60 Minuten (je nachdem, wie viele Fantasiemenschen beschrieben werden und ob im Anschluss mit den Fantasiemenschen kommuniziert wird)
Material: /
Ort: ruhigere Orte, an denen sich Menschen für mindestens ein paar Minuten aufhalten (z. B. Café, Parkbank)

Variante: Es können auch Menschen auf Plakaten, die in der Stadt hängen, als Fantasiemenschen dienen. Falls gewollt, könnte den „Fantasiemenschen" erzählt werden, was die TeilnehmerInnen sich für ihn/sie ausgedacht haben. Gegebenenfalls teilt dieser Mensch ein paar biografische Daten mit.
Hinweise: Die Leitung muss insbesondere darauf achten, dass die Beschreibungen auf einer respektvollen Basis dargestellt werden. Außerdem sollte ein gewisser räumlicher Abstand während der Beschreibungen erfolgen. Denn sonst könnte sich der Fantasiemensch beobachtet fühlen und mitbekommen, dass über ihn gesprochen wird, was negative Gefühle hervorrufen könnte. Die Leitung könnte auch von vorneherein den Fantasiemenschen auf diese Aktion aufmerksam machen, oder die TeilnehmerInnen werden gebeten, sich das Bild des Fantasiemenschen einzuprägen, damit sie nicht jede Minute zu ihm sehen. Die Fantasiemenschen können von Teilnehmenden mit Blindheit optisch zuerst beschrieben werden.

Film ab!

Aufgabenstellung: Dreht einen Kurzfilm/Dokumentation (3—15 Minuten) über eine Stadt eurer Wahl. Bezieht beispielsweise Sehenswürdigkeiten, Orte der Ruhe, Touristenmagnete, eure Lieblingsplätze und Grünflächen in der Stadt mit ein. Um das Stadtbild abzurunden, könnt ihr auch PassantInnen mit einbeziehen, indem ihr Interviews mit diesen in den Film integriert.
Eignung als: Gruppenaufgabe (mindestens 3 TeilnehmerInnen)
Besonders geeignet für: Menschen mit Lernbeeinträchtigung und Menschen, die ihre Medienkompetenz erweitern möchten.
Pädagogisches Potenzial und Lernmöglichkeiten: Kommunikation, Selbst- und Fremdwahrnehmung, Kreativität, Neugierdeverhalten für die Stadt erweitern, Wahrnehmung für die Diversität des Stadtbildes, Medienkompetenz

Vorbereitung: Falls PassantInnen in den Kurzfilm integriert werden sollen, entwerfen die TeilnehmerInnen gemeinsam mit der Leitung eine Fragenliste für mögliche Interviews (z.B.: „Was mögen Sie an der Stadt? Was ist Ihr Lieblingsplatz? Was wissen Sie über die Sehenswürdigkeit XY?"). Die TeilnehmerInnen sprechen sich über mögliche Inhalte (z.B. Orte, Schwerpunkte, Drehbuch erstellen) des Films ab.
Zeit: ca. 1 – 2 Treffen á 4 Stunden, um das Filmmaterial aufzunehmen; anschließend noch weitere Treffen, um das Filmmaterial zu schneiden, Filmmusik auszuwählen, Kommentare einzubauen (schriftlich oder sprachlich)

Material: Fragenliste für Interviews, „Drehbuch“ (Was wird wo gefilmt?), Videokamera oder Mobiltelefon mit guter Bildauflösung, Videobearbeitungsprogramm, um den Film zu schneiden und zu vertonen
Ort: repräsentative Orte der Stadt und/oder Orte mit persönlichem Bezug der TeilnehmerInnen
Variante: Dreht einen Kurzfilm in der Stadt zu einem bestimmten Thema (z. B. Umweltverschmutzung, Gastfreundschaft). Es kann auch ein kurzer Spielfilm gedreht werden, in dem die TeilnehmerInnen die SchauspielerInnen sind.
Hinweis: Sofern der Film nicht nur für private Zwecke, sondern auch für öffentlich-kommerzielle Zwecke gedreht wird, müssen schriftliche Nutzungsgenehmigungen der interviewten PassantInnen eingeholt werden.

Fit macht Fun

Aufgabenstellung: Besucht einen Fitness-/Bewegungspark in der Stadt, der über mehrere Outdoor-Fitnessgeräte verfügt. Durchlauft dort Bewegungsparcours (Abb. 10).
Eignung als: Gruppenaufgabe und Einzelaufgabe
Besonders geeignet für: Menschen, die Spaß an Bewegung haben oder körperliche Herausforderungen meistern möchten; Viele Geräte können bei schweren körperlichen Beeinträchtigungen nicht oder nur teilweise genutzt werden.

Abb. 10: Fit macht Fun

Pädagogisches Potenzial und Lernmöglichkeiten: Motorik, besonders vestibuläre und propriozeptive Sinneswahrnehmung, Koordination, Beweglichkeit, Ausdauer, Kraft, sozial verträgliches Konkurrenzverhalten, persönliches Wohlbefinden, Begegnungsraum für alle Generationen, Partizipation

Vorbereitung: Die Leitung erstellt einen Bewegungsparcours aus vorhandenen Fitnessgeräten zusammen.
Zeit: 1–2 Stunden
Material: Wasser (zur Dehydratationsprophylaxe), eventuell Sporthandtuch und ein gesunder Snack (z. B. Bananen)

Ort: öffentliche Bewegungsanlage / Mehrgenerationenplatz; Diese befinden sich häufig in Stadtparks.
Variante: Das Programm könnte ausgebaut werden, indem über gesunde Ernährung gesprochen wird und eine regelmäßige Teilnahme stattfindet (z. B. einmal wöchentlich). Auch die Anforderungen können von Mal zu Mal angepasst und gesteigert werden durch mehr Wiederholungen, „Sätze", Gewicht oder durch einen zeitlich längeren Aufenthalt auf dem Fitnessgerät.
Hinweise: Die TeilnehmerInnen sollten geeignete Sportkleidung und Turnschuhe tragen. Auch das Aufwärmen muss berücksichtigt werden, um die Verletzungsgefahr herabzusetzen.

Fliegende Fische

Aufgabenstellung: Fliegende Fische sind für manche Menschen sehr bemerkenswerte Tiere, denn sie können sich sowohl im Wasser fortbewegen als auch durch die Luft gleiten. Welche Dinge könnt ihr selbst besonders gut? Worauf seid ihr stolz? Und was macht ihr besonders gerne? Setzt euch an einen Fluss, Bach, Teich, Weiher, Brunnen oder See und sprecht gemeinsam über diese Fragen.
Eignung als: Gruppenaufgabe
Besonders geeignet für: selbstreflektierte Menschen.
Pädagogisches Potenzial und Lernmöglichkeiten: Kommunikation, Empathie, Selbst- und Fremdwahrnehmung, Auseinandersetzung mit den eigenen Stärken und Schwächen, ressourcenorientierte Betrachtungsweise, eigene Bedürfnisse wahrnehmen

Vorbereitung: /
Zeit: 1–2 Stunden
Material: /
Ort: Wasserstelle in der Stadt oder in Stadtnähe
Variante: Die Leitung könnte Karten mit Aussagen vorbereiten, auf die die TeilnehmerInnen reagieren können, indem sie diese bejahen oder verneinen und Erklärungsansätze dafür finden. Aussagen können z. B. sein: „Ich kann den Menschen in meinem Umfeld gut zuhören.", „Ich streite mich selten."
Hinweis: Die Ressourcen der TeilnehmerInnen, die aufgezählt werden, können auch basale Kompetenzen / lebenspraktische Fähigkeiten und Fertigkeiten beinhalten wie z. B. Brot schmieren, sich mit oder ohne Hilfestellung die Kleidung anziehen, eigene Bedürfnisse ausdrücken.

Flohmarkt

Aufgabenstellung: Sucht Dinge, die ihr nicht mehr nutzt (z. B. Kleidung, Bücher, Freizeitartikel) und versucht, etwas davon auf einem Flohmarkt zu verkaufen.
Eignung als: Gruppenaufgabe
Besonders geeignet für: Menschen, die sich Platz in ihrem Kleiderschrank und Zimmer schaffen sowie ein Verkäufer-Käufer-Verhältnis erleben möchten, in dem sie die Rolle des Verkäufers einnehmen.
Pädagogisches Potenzial und Lernmöglichkeiten: Kommunikation, Selbst- und Fremdwahrnehmung, Kreativität, Koordination, Freundlichkeit, verhandeln, sich von unnötigem „Ballast" befreien sowie den Nutzen älterer Ware für andere Menschen erkennen

Vorbereitung: Es muss ein Stand auf dem Flohmarkt angemeldet werden. Die Preise für die Artikel, die angeboten werden, werden festgelegt.
Zeit: 4 – 8 Stunden
Material: Eigentum der TeilnehmerInnen, für das sie selbst keine Verwendung mehr haben, Tisch zum Aufbau der Ware, gegebenenfalls Klappstühle / Campingstühle, um nicht permanent am Stand stehen zu müssen
Ort: Flohmarkt, Flohmarkthalle
Hinweis: Die Leitung muss darauf achten, dass die Sachen, die von den TeilnehmerInnen zum Verkauf ausgewählt wurden, tatsächlich keine Verwendung mehr für die TeilnehmerInnen haben.

Auch festgelegte Preise dürfen / sollen verhandelt werden.

Freude im Glas

Aufgabenstellung: Bereitet unbekannten Menschen eine Freude, indem ihr beispielsweise selbstgemachte Marmelade verschenkt.
Eignung als: Gruppenaufgabe und Einzelaufgabe
Besonders geeignet für: Menschen, die gerne teilen und anderen eine Freude bereiten möchten.
Pädagogisches Potenzial und Lernmöglichkeiten: Kommunikation, Selbst- und Fremdwahrnehmung, die Bedeutsamkeit der kleinen Dinge / Geschenke erkennen, Genügsamkeit, etwas schenken, ohne eine Gegenleistung dafür zu fordern, andere überraschen, lebenspraktische Fähigkeiten (Kochen), auf sich und das verschenkte Produkt stolz sein, Selbstvertrauen

Vorbereitung: Die Marmelade sollte im Vorfeld selbst gekocht (falls möglich, könnten die Früchte auch selbst gepflückt werden) und nicht gekauft werden. Dies steigert den emotionalen Bezug zu dem verschenkten Produkt.
Zeit: 30 – 60 Minuten, je nach Anzahl der zu verschenkenden Gläser
Material: Einmachgläser mit selbstgemachter Marmelade
Variante: Es kann auch eine selbstgemachte Backmischung im Glas oder Apfelmus verschenkt werden.
Hinweise: Bei der eigenen Zubereitung von z. B. Marmelade müssen die Hygienevorschriften eingehalten werden.

Es bietet sich unter anderem an, Zeiträume zu nutzen, in denen das Thema „Teilen und Schenken“ präsent ist (z. B. Erntedank, Weihnachten).

Für Dich

Aufgabenstellung: Schenkt unbekannten Menschen einen Zettel, auf dem ein schönes Zitat, ein Spruch, ein Gedicht oder ein kurzer philosophischer Text niedergeschrieben ist. Und vielleicht ergeben sich daraus Gespräche, in denen die PassantInnen euch erzählen, was sie mit dem Spruch / Zitat / Gedicht verbinden.
Eignung als: Gruppenaufgabe und Einzelaufgabe
Besonders geeignet für: Menschen, die anderen Menschen ein Lächeln ins Gesicht zaubern möchten.
Pädagogisches Potenzial und Lernmöglichkeiten: Kommunikation, Selbst- und Fremdwahrnehmung, Empathie, Kreativität, Sensibilität für andere Lebenswelten, anderen eine Freude bereiten, Impulse für Gespräche setzen, Auseinandersetzung mit Werten und Haltungen / Lebenseinstellungen

Vorbereitung: Zitate etc. müssen ausgewählt werden (z. B. durch Bücher oder Internet). Anschließend werden die Zettel entweder mit den Zitaten und Sprüchen per Hand beschriftet oder ausgedruckt.
Zeit: 1 Stunde
Material: Zettel mit schönen Zitaten, Sprüchen etc.
Variante: Um die Aktion zu erweitern, können PassantInnen gebeten werden, ebenso einen Zettel mit einem Spruch oder Wunsch zu beschriften, den sie den TeilnehmerInnen mit auf den Weg geben.

Es können auch Wünsche notiert und verschenkt werden, die sich die TeilnehmerInnen ausdenken (z. B.: „Ich wünsche mir, dass du heute vor Freude lächelst.“, „Ich wünsche dir eine schöne Woche.“, „Ich hoffe du triffst dich mal wieder mit einem Freund, den du länger nicht gesehen hast.“).

Hinweis: Den Inhalt der Zitate und Gedichte, die verschenkt werden, sollten von den TeilnehmerInnen verstanden werden.

Gemeinsam Vielfältiges erleben

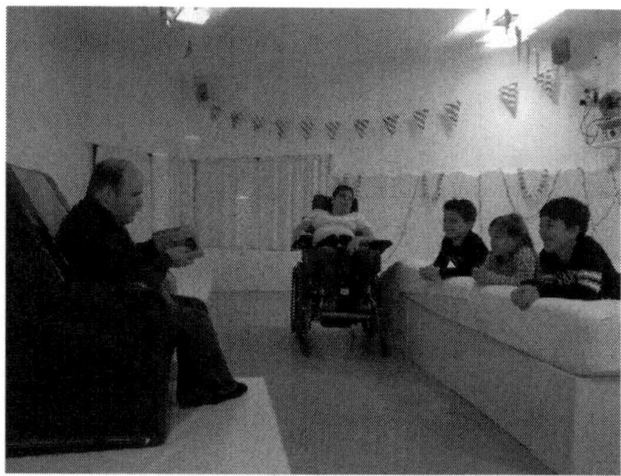

Abb. 11: Gemeinsam Vielfältiges erleben

Aufgabenstellung: Regt eine Kooperation zwischen euch und einer Kita, einem Altenheim etc. an. Besucht euch gegenseitig, um einen Eindruck vom Lebensraum des anderen zu erhalten (Abb. 11).
Eignung als: Gruppenaufgabe und Einzelaufgabe
Besonders geeignet für: sozialkompetente Menschen, die Interesse und Neugierde für Lebenswelten außerhalb ihres gewohnten Lebensumfeldes haben.
Pädagogisches Potenzial und Lernmöglichkeiten: Empathie, Kommunikation, Kooperation, Kreativität, Sensibilität für andere Lebenswelten, Selbst- und Fremdwahrnehmung, Gastfreundlichkeit

Vorbereitung: Es muss ein „Kooperationspartner" gefunden werden und mit diesem eine Terminabsprache erfolgen. Vor dem Besuch sollten die Vorstellungen der TeilnehmerInnen und der Wissenstand ermittelt werden (z. B.: „Wie alt sind Kinder in der Kita?", „Was möchtet ihr den Kindern zeigen, wenn sie zu Besuch kommen?").
Zeit: z. B. zwei Termine (ein Besuch bei den Teilnehmenden, ein Besuch in der Kita) je 2 Stunden
Material: abhängig von der Besuchsplanung (z. B. Getränke, Kekse, Kuchen o.Ä.)
Ort: Der eigene Lebensraum kann durch Räumlichkeiten wie z. B. Snoezelenraum, Turnhalle der Einrichtung, Esszimmer der Wohngruppe, Klassenräume der Schule präsentiert werden. Auch das Außengelände kann besichtigt werden.
Variante: Es kann auch ein einseitiger Besuch stattfinden, z. B. indem die TeilnehmerInnen den Lebensbereich der KooperationspartnerInnen erkunden.
Hinweis: Das Schlafzimmer der einzelnen TeilnehmerInnen ist ein sehr intimer und persönlicher Rückzugsort, der nur mit Einverständnis der Teilnehmenden einbezogen werden sollte.

Gute Reise

Aufgabenstellung: Ihr sollt zu einem bestimmten Ort (Dorf/Stadt/Stadtteil) fahren. Dabei dürft ihr die Fahrzeuge eurer Institution nicht nutzen. Ihr könnt folgende Transportmittel verwenden: Zug, Straßenbahn, Bus, Schiff, Fahrrad, Taxi, Mitfahrgelegenheit. Fragt Menschen an eurem Ziel, was sie über euren Startpunkt wissen, und erzählt ihnen drei Dinge, die ihr an eurem Wohnort besonders toll findet. Im Anschluss bittet ihr sie, euch etwas über den Zielort zu erzählen.
Eignung als: Gruppenaufgabe und Einzelaufgabe
Besonders geeignet für: expeditionsfreudige Menschen, die „über den Tellerrand blicken".
Pädagogisches Potenzial und Lernmöglichkeiten: Kommunikation, Problemlösung, Auseinandersetzung mit dem eigenen und dem unbekannten Lebensbereich, Transportmittel/Fortbewegungsmittel austesten, Interesse wecken

Vorbereitung: Der Zielort wird festgelegt. Es muss geklärt werden, wie viel Budget für die Transportkosten ausgegeben werden können.
Zeit: 2–8 Stunden
Material: /
Variante: Die TeilnehmerInnen wählen den Ort selbst, der bereist werden soll (zeitliches und finanzielles Limit werden von der Leitung bestimmt). Nach bestimmten Kriterien (z.B. am günstigsten, am schnellsten, am aufregendsten) wird die Auswahl der Transportmittel getroffen.
Hinweis: Die Transportmittel müssen auf eine Barrierefreiheit geprüft werden, wenn Menschen mit körperlicher Beeinträchtigung teilnehmen.

Jahreszeitendokumentation

Aufgabenstellung: Beobachtet einen bestimmten Ort (in der Stadt) zu verschiedenen Jahreszeiten und Festlichkeiten. Dokumentiert eure Beobachtungen. Die Dokumentation kann schriftlich, mit selbstgemalten Bildern, Fotos, Sprachaufnahmen oder Videos erfolgen. Beispielsweise können die Veränderungen eines Schaufensters oder eines Baumes beobachtet und dokumentiert werden. Am Ende wird die Dokumentation miteinander verglichen und über Gemeinsamkeiten und Unterschiede/Veränderungen gesprochen. Die Ergebnisse haltet ihr in einer Mappe (Portfolio/Dokumentationsmappe) fest.
Eignung als: Gruppenaufgabe und Einzelaufgabe

Besonders geeignet für: Menschen mit Beobachtungsgabe und der Bereitschaft, sich über einen längeren Zeitraum mit einer Sache auseinanderzusetzen; Diese Aufgabe ist ungeeignet für Menschen mit starker Sehbeeinträchtigung und Blindheit.
Pädagogisches Potenzial und Lernmöglichkeiten: Kommunikation und Absprache in der Gruppe, Beobachtungsgabe, Aufmerksamkeit, Einlassen auf längerfristige Projekte, Veränderungsprozesse wahrnehmen und annehmen, Flexibilität, Kreativität, zeitliche Orientierung

Vorbereitung: Es wird sich auf einen zu beobachtbaren Ort geeinigt. Die Materialien zur Dokumentation sollten keineswegs vergessen werden.
Zeit: 1 Jahr mit bspw. 6 Treffen á 1 Stunde Aufenthalt und Dokumentation an dem Beobachtungsort; Die Erstellung einer Dokumentationsmappe findet außerhalb dieses Zeitrahmens statt.
Material: abhängig von der Dokumentationsweise (z. B. Kamera für Fotos und Videos, Buntstifte, Papier, Mobiltelefon mit der Funktion eines Diktiergerätes), Dokumentationsmappe
Ort: z. B. Schaufenster eines Bekleidungsgeschäfts, Blumentöpfe in der Stadt; Die Erstellung einer Dokumentationsmappe kann in der Wohngruppe / Schulklasse etc. erfolgen.
Variante: Es können zwei Gruppen zwei verschiedene Orte beobachten und dokumentieren. Am Ende werden Gemeinsamkeiten und Unterschiede diskutiert. Für Menschen mit Blindheit könnte die Aktion so abgewandelt werden, dass die Leitung oder sehenden TeilnehmerInnen z. B. das Schaufenster beschreiben und dokumentieren. Das Erkennen von Gemeinsamkeiten und Unterschieden und deren Ursachen ist dann die Aufgabe der blinden TeilnehmerInnen. So wird eine Arbeitsaufteilung vorgenommen.
Hinweis: Die erstellte Dokumentationsmappe kann im Anschluss in der Einrichtung ausgestellt werden.

Journalist

Aufgabenstellung: Interviewt PassantInnen zu einem Thema eurer Wahl, das ihr zuvor festgelegt habt.
Eignung als: Gruppenaufgabe (Kleingruppen) und Einzelaufgabe
Besonders geeignet für: Menschen mit verbaler Kommunikationsfähigkeit.
Pädagogisches Potenzial und Lernmöglichkeiten: Kommunikation, Kooperation, Selbst- und Fremdwahrnehmung, Empathie, Kreativität, Sensibilität für andere Lebenswelten, Überwindung, Selbstidentifikation, Respektvoller

Umgang miteinander; Lernmöglichkeiten ergeben sich außerdem nach den spezifischen Themen, die gewählt werden.

Vorbereitung: Es sollte ein kleiner „Fragenkatalog" (3 – 8 Interviewfragen) zu dem Thema erstellt werden.
Zeit: 1 – 1,5 Stunden
Material: Stift und Papier (falls das Interview notiert wird), Vorbereitete Fragen für das Interview als Gedankenstütze
Ort: Hektische und laute Orte sollten vermieden werden, da die Menschen dort zumeist gestresst und in Eile sind und die Bereitschaft sinkt, sich die Zeit für ein Interview zu nehmen.
Variante: Das Thema wird von der Leitung vorgegeben und nach Lernpotenzialen gewählt (z.B. „berufliche Orientierung", „Fürsorge füreinander", „Freundschaft", „Verantwortung", „Hobbys und Freizeitgestaltung").
Hinweise: Die Gruppe sollte je nach Anzahl der Teilnehmenden aufgeteilt werden, um die Aktion in Kleingruppen (2 – 3 TeilnehmerInnen) durchzuführen. Denn InterviewpartnerInnen könnten abgeschreckt sein, wenn eine „Horde" Menschen auf sie zugeht und vor ihnen steht.

Bei Menschen, die die Fragen nicht von dem Zettel ablesen können, kann die Leitung Stichworte als Gedankenstütze nennen, um das Interview fortführen zu können. Oder es werden bewusst nur wenige Fragen gewählt, die sich die TeilnehmerInnen merken können.

Karaokespaß

Aufgabenstellung: Verbringt einen abwechslungsreichen Abend in einer Bar, in der Karaoke angeboten wird. Steht im Scheinwerferlicht, indem ihr den Zuhörern entweder gemeinsam oder einzeln ein Lied vorsingt.
Eignung als: Gruppenaufgabe und Einzelaufgabe
Besonders geeignet für: Menschen mit Lautsprache, die gerne singen; Auch für Menschen, die der Lautsprache nicht mächtig sind und kein Lied vorsingen können, bietet ein Karaoke-Abend viel Spannung und Abwechslung. Auf gehörlose Menschen ist die Aktion nicht zugeschnitten. Es sei denn, die gehörlosen TeilnehmerInnen mögen es, die Atmosphäre und Bühnenshow visuell aufzunehmen.
Pädagogisches Potenzial und Lernmöglichkeiten: Selbst- und Fremdwahrnehmung, Nachtleben kennenlernen, Hobbys entdecken, Spaß am Singen und Zuhören, Grenzerfahrung, Zentrum der Aufmerksamkeit sein, Partizipation, Selbstvertrauen

Vorbereitung: /
Zeit: ca. 3 Stunden
Material: /
Ort: z. B. Irish Pub, in dem Karaoke-Abende angeboten werden, oder Karaokebar
Variante: Alternativ können auch in der Einrichtung ein Karaokespiel-Abend vorbereitet und andere Menschen dazu eingeladen werden.
Hinweis: TeilnehmerInnen, die den Liedtext nicht ablesen können, sollten die Lieder, die sie singen möchten, so auswählen, dass sie nahezu textsicher sind. Alternativ kann auch zu den Liedern gesummt werden.

Klettermax

Aufgabenstellung: Klettert in einer Boulderhalle verschiedene Routen.
Eignung als: Gruppenaufgabe und Einzelaufgabe
Besonders geeignet für: motorisch fitte Menschen; Blindheit ist kein Ausschlusskriterium an dieser Aktion. Menschen mit Blindheit müssen intensiver angeleitet und die Griffführungen der Routen während dem Klettern genauestens beschrieben werden.
Pädagogisches Potenzial und Lernmöglichkeiten: Motorik, Körperwahrnehmung, Körperkontrolle, Ängste überwinden, Koordination, Beweglichkeit, Ausdauer, Kraft, eigene Grenzen wahrnehmen und wahren, Begegnungsraum, Partizipation

Vorbereitung: MitarbeiterInnen der Boulderhalle werden gegebenenfalls für eine Einweisung angefragt.
Zeit: 2 Stunden
Material: Wasser (zur Dehydratationsprophylaxe), eventuell Sporthandtuch und ein gesunder Snack (z. B. Bananen)
Ort: Boulderhalle
Variante: Der Schwierigkeitsgrad kann gesenkt werden, wenn beispielsweise alle (verschiedenfarbige) Routengriffe verwendet werden können, um in die Höhe zu klettern.
Alternativ zu Boulderhallen kann auch eine Kletterhalle oder ein Kletterwald besucht werden.
Hinweise: Bei dieser Aktion bedarf es eines höheren Betreuungsschlüssels. Es wird empfohlen, dass nur Leitungen, die selbst bouldererfahren sind, diese Aktion begleiten, und die Boulderhalle zum Einstieg zu „besucherarmen" Zeiten aufgesucht wird. Ebenso müssen die Regeln der Boulderhalle streng eingehalten werden (z. B. nicht unter Routen hergehen oder sitzen, die gerade beklet-

tert werden, da die kletternde Person abstürzen und auf andere Personen fallen könnte.).

Die TeilnehmerInnen sollten geeignete Sportkleidung tragen. Boulderschuhe können vor Ort ausgeliehen werden. Auch das Aufwärmen muss berücksichtigt werden, um die Verletzungsgefahr herabzusetzen. Bouldern kostet viel Kraft und Energie und bedarf gezielter Pausen.

Kunst zum Anfassen

Abb. 12: Kunst zum Anfassen

Aufgabenstellung: Erforscht Skulpturen, Steinbildhauereien, Sehenswürdigkeiten und Wahrzeichen oder tastbare 3D-Modelle der Stadt/Gebäude/Plätze mit euren Händen (Abb. 12).
Eignung als: Gruppenaufgabe und Einzelaufgabe
Besonders geeignet für: Menschen mit Sehbeeinträchtigung oder Blindheit.
Pädagogisches Potenzial und Lernmöglichkeiten: das Stadtbild erfassen, Schulung der taktilen Sinneswahrnehmung, mit den Händen „sehen", respektvoller Umgang mit Kunst, Hilfsmittel (3D-Modelle) kennen und nutzen lernen

Vorbereitung: Die Leitung muss im Vorfeld z. B. tastbare 3D-Modelle der Stadt und Denkmäler, die angefasst werden würden, heraussuchen
Zeit: 2–4 Stunden
Material: /
Variante: Die erforschten Sehenswürdigkeiten etc. könnten im Anschluss unter historischen Aspekten besprochen werden.
Besucht alternativ einen Skulpturenpark, den ihr mit euren Händen erkunden dürft. Der Skulpturenpark sollte als „Kunst zum Anfassen" ausgewiesen sein.
Hinweis: Menschen ohne Sehbeeinträchtigung könnten eine Augenbinde tragen, um sich auf den taktilen Sinn zu konzentrieren.

Lichterfunkeln

Aufgabenstellung: Lasst den Abend oder die Nacht erstrahlen, indem ihr gemeinsam mit PassantInnen LED-Kerzen verwendet (oder Wunderkerzen anzündet), die entweder in der Hand gehalten oder aufgestellt werden. Umso mehr Menschen ihr für diese Aktion gewinnen könnt, umso heller erstrahlt der Abend.
Eignung als: Gruppenaufgabe
Besonders geeignet für: „Nachteulen", die auch noch nach Einbruch der Dunkelheit fit und leistungsfähig sind, Menschen mit Hörschädigung.
Pädagogisches Potenzial und Lernmöglichkeiten: Kommunikation, Kooperation, Problemlösung, Selbst- und Fremdwahrnehmung, Kreativität, Sinneswahrnehmung, Partizipation/Teil des Ganzen sein, Atmosphäre genießen

Vorbereitung: Es werden ein geeigneter Ort für die Aktion gefunden und die LED-Kerzen organisiert.
Zeit: 1 Stunde
Material: LED-Kerzen oder Wunderkerzen (hier auch Feuerzeuge und gegebenenfalls kleiner Feuerlöscher)
Ort: verkehrsferner Ort, damit die Atmosphäre wirken kann; Außerdem muss es bei der Verwendung der Wunderkerzen ein sicherer Ort sein, also nicht im Stadtpark, dessen Wiese aufgrund von längeren Hitzeperioden sehr trocken und leicht entzündbar ist.
Variante: Wenn die LED-Lichter erleuchten, können alle LichtspenderInnen nacheinander einen Wunsch aussprechen oder sagen, wofür sie dankbar sind.

Die Lichter können so positioniert werden, dass sie ein Symbol (z. B. Herz, Kreuz) oder ein Denkmal bilden.
Hinweise: Falls Wunderkerzen verwendet werden, muss die Nutzung derer behutsam erfolgen, um eigene Verbrennungen oder die Verletzung anderer zu vermeiden.

Besonders gut eignet sich diese Aktion im Herbst und Winter, weil es früher dunkel wird und die Atmosphäre stimmiger ist.

Liebesschloss

Abb. 13: Liebesschloss

Aufgabenstellung: Beschriftet jeweils ein Liebesschloss oder lasst es gravieren. Auf dem Liebesschloss kann beispielweise der eigene Name und der Name des Menschen, den man sehr gerne hat (z. B. Familienmitglieder, FreundInnen, PartnerIn) stehen. Hängt die Liebesschlösser im Anschluss an einem dafür vorgesehenen Ort auf (Abb. 13).

Eignung als: Gruppenaufgabe und Einzelaufgabe

Besonders geeignet für: Menschen, die die Verbundenheit und Zuneigung zu einem bestimmten Menschen symbolisch darstellen möchten.

Pädagogisches Potenzial und Lernmöglichkeiten: Kreativität, Auseinandersetzung mit Gefühlen, Verbundenheit mit Menschen, Zugehörigkeitsgefühl, Reflexion von zwischenmenschlichen Beziehungen

Vorbereitung: Die Leitung sollte die TeilnehmerInnen über den Brauch der Liebesschlösser informieren und Schlösser (zusammen mit den TeilnehmerInnen) kaufen.

Zeit: 1–2 Stunden

Material: z. B. Permanentmarker, Sticker, Liebesschloss

Ort: typische Orte (z. B. Brücken, Gitter) für die Liebesschlösser

Variante: In Absprache könnten Liebesschlösser an einem Zaun oder Gitter innerhalb der eigenen Wohneinrichtung/Schule angebracht und als Brauch eingeführt werden.

Es könnten auch „Kraftschlösser“ entworfen werden, d. h., dass Namen aufgezeichnet werden, die Vorbilder, Kraftspender oder Motivatoren für die TeilnehmerInnen sind. Das können reale Menschen (z. B. FreundInnen, SchauspielerInnen, SchriftstellerInnen, MusikerInnen), aber auch fiktive Menschen (z. B. Superman) sein.

Hinweis: Die Liebesschlösser sollen nur dort angebracht werden, wo es erlaubt ist. Ansonsten könnten Verwarnungsgelder erhoben werden.

Multikulti-Sprachen

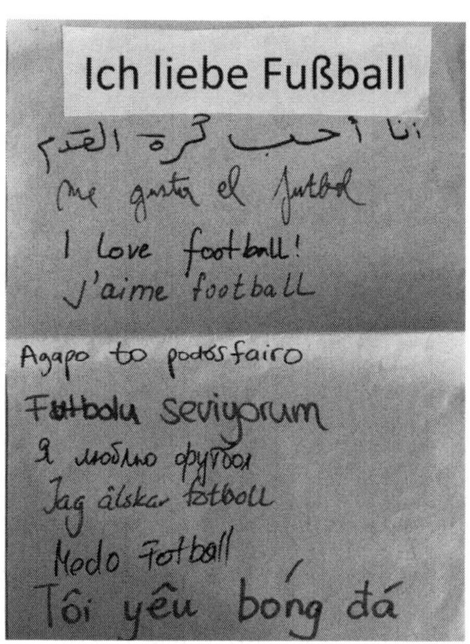

Abb. 14: Multikulti-Sprachen

Aufgabenstellung: Sammelt mit Hilfe von PassantInnen einen Satz eurer Wahl in mindestens zehn verschiedenen Sprachen (Abb. 14).
Eignung als: Gruppenaufgabe und Einzelaufgabe
Besonders geeignet für: Menschen, die sich lautsprachlich artikulieren.
Pädagogisches Potenzial und Lernmöglichkeiten: Kommunikation, Selbst- und Fremdwahrnehmung, Sensibilität für andere Kulturen und Sprachen, Toleranz

Vorbereitung: Die TeilnehmerInnen besprechen im Vorfeld, welcher Satz in die verschiedenen Sprachen übersetzt werden soll.
Zeit: 1 Stunde
Material: Plakat, Stifte
Ort: Stadtzentren oder Stadtteile, die eine kulturelle Vielfalt aufweisen
Variante: Die TeilnehmerInnen informieren sich darüber, welches gesellschaftliche Ereignis oder welches Thema aktuell bedeutend ist. Sie wählen einen Satz, der zur Zeit der Durchführung für die Gesellschaft präsent ist.

Die verschiedensprachigen Sätze können sowohl schriftlich als auch mit einem Aufnahmegerät festgehalten werden.
Hinweise: Die Leitung und TeilnehmerInnen müssen behutsam in der Auswahl der Thematik sein. Vor allem politische Debatten sollten eher ausgeschlossen werden, um Konfliktsituationen zu vermeiden. Als Beispielsätze dienen: „Ich liebe Fußball." während der Fußball-Europameisterschaft oder der Satz „Kostümieren macht Spaß." im Karnevalszeitraum. Es können auch MitarbeiterInnen von Restaurants (z. B. thailändisches, italienisches Restaurant) bei der Umsetzung der Aktion angesprochen werden.

Nadel im Heuhaufen

Aufgabenstellung: Begebt euch zu einem Aussichtspunkt oder an eine Stelle, von der ihr in weiter Entfernung mit einem Fernglas bestimmte Bauwerke beobachten könnt (z. B. eine Kirche in der Stadt, das Rathaus, eine Brücke). Wenn ihr euch für ein Bauwerk entschieden habt, verlasst ihr den Aussichtspunkt, um diese „Stecknadel im Heuhaufen“ zu finden. Wenn ihr unmittelbar vor dem Bauwerk steht, habt ihr euer Ziel erreicht.
Eignung als: Gruppenaufgabe und Einzelaufgabe
Besonders geeignet für: aufmerksame, bewegungsfreudige und visuell orientierte Menschen; Auch gehörlose Menschen können hier ihre visuellen Fähigkeiten unter Beweis stellen. Diese Aktion ist nicht durchführbar für Menschen mit starker Sehbeeinträchtigung und Blindheit. Für Menschen mit intensiv ausgeprägten körperlichen Beeinträchtigungen muss geklärt werden, ob der Aussichtspunkt beispielsweise mit einem Rollstuhl erreichbar oder ob die Wegstrecke für Menschen mit unsicherem Gangbild zu lang ist.
Pädagogisches Potenzial und Lernmöglichkeiten: Kommunikation, Kooperation, fokussierte Aufmerksamkeit, Orientierung, visuelle Wahrnehmung, Größenverhältnisse, Abstände einschätzen, Durchhaltevermögen, die Stadt als Ganzes // Einheit betrachten

Vorbereitung: Es wird ein geeigneter Aussichtspunkt gewählt.
Zeit: 1 – 3 Stunden
Material: Fernglas, eventuell Stadtplan zur Orientierung
Ort: Der Aussichtspunkt kann bspw. auf einem Berg, Dom, Hochhaus sein.
Variante: Es kann auf dem Aussichtspunkt ein Foto von der Stadt / dem Stadtteil / dem Dorf gemacht werden. Auf diesem Foto kommt zur Geltung, dass das gewählte Bauwerk einer „Stecknadel im Heuhaufen“ ähnelt. Auf dem Weg zu dem Gebäude wird dieses in bestimmten Abständen fotografiert, bis das letzte Foto unmittelbar vor dem Bauwerk gemacht wird.
Hinweise: Das Bauwerk kann entweder durch die Mithilfe von PassantInnen, die nach dem Weg gefragt werden, oder durch die Orientierung mit einem Stadtplan gefunden werden. Auch eine Kombination ist möglich.

Bei langen Wegstrecken können auch öffentliche Verkehrsmittel genutzt werden.

Novembertage

Aufgabenstellung: Ihr empfindet den November als trist, langweilig, eintönig, grau, verregnet und würdet den Monat am liebsten überspringen? Dann macht einen Novemberspaziergang. Achtet auf die schönen und bunten Dinge, die euch dabei begegnen (z. B. bunte Herbstblätter, Regenbogen, selbstgestrickter Schal, Kerzenschein, Sonnenstrahlen, Herbstlaubknistern unter den Füßen, Kinder durch Pfützen springen sehen und Menschen, die vertraut miteinander Hand in Hand gehen).
Eignung als: Gruppenaufgabe und Einzelaufgabe
Besonders geeignet für: Menschen, die der „Winterblues" packt und die das Hier und Jetzt im November lieber als positives Ereignis wahrnehmen würden.
Pädagogisches Potenzial und Lernmöglichkeiten: Aufmerksamkeit, Blickwinkel erweitern, Vielfalt erkennen, Einstellungen hinterfragen, Vorbehalte ablegen, innere Einkehr, sich an den Kleinen Dingen erfreuen, Zufriedenheit

Vorbereitung: /
Zeit: 1 – 2 Stunden
Material: /
Ort: z. B. Stadtwald, Parkanlagen oder Altstadt
Variante: Macht eine Fotostrecke zu „Novembertage".

Natürlich kann man die Aktion in abgewandelter Form auch auf andere Monate übertragen.

Perfektes Dinner

Aufgabenstellung: Ladet unbekannte Menschen zu euch ein, kocht und esst mit diesen ein Gericht eurer Wahl.
Eignung als: Gruppenaufgabe.
Besonders geeignet für: Menschen, die im Kontakt und in der Zusammenarbeit mit anderen Freude haben; Hier ist eine vielfältige und heterogene Gruppenzusammensetzung förderlich, um von unterschiedlichsten Ressourcen der TeilnehmerInnen zu profitieren.
Pädagogisches Potenzial und Lernmöglichkeiten: Kommunikation, Kooperation, Kreativität, Organisation, Absprachen treffen, Selbst- und Fremdwahrnehmung, Kontaktfreundlichkeit, lebenspraktische Fähigkeiten wie Kochen und häusliches Tun, angemessenes Nähe- und Distanzverhalten zu Unbekannten, Bereitschaft zu teilen, Wertschätzung gelungener Arbeit

Vorbereitung: Die Gäste werden gewählt (z. B. FreundInnen und Familienmitglieder von MitarbeiterInnen, Ehrenamtliche, Stadt- / DorfbewohnerInnen) und eingeladen. Die Einladung kann mit den TeilnehmerInnen gestaltet und abgesendet werden. Gemeinsam werden ein Gericht / Gänge-Menü gewählt und entsprechende Lebensmittel eingekauft. Die Küche und der Essbereich, die während des „perfekten Dinners" genutzt werden, müssen reserviert werden. Außerdem werden der Raum gastfreundlich dekoriert und Tischnamensschilder aufgestellt.
Zeit: je nach Kennenlernphase, Gericht und Gänge drei bis fünf Stunden
Material: Lebensmittel, Küchen- und Kochutensilien, Herd, ggf. Backofen
Ort: Großküche / Lehrküche der Einrichtung oder Küche und Esszimmer der Wohngruppe
Variante: Es kann auch ein Dinner bei einem unbekannten Menschen zuhause stattfinden.
Hinweis: Die Gäste und TeilnehmerInnen können beispielsweise in Zweier-Teams aufgeteilt werden und übernehmen spezifische Aufgaben (z. B. Schnippel-Team, Dessert-Team, Zeitwächter-Team).

Persönliche Herausforderung

Abb. 15: Persönliche Herausforderung

Aufgabenstellung: Tue etwas, das du schon immer tun wolltest, dich bisher aber nicht getraut hast oder wofür du noch nicht die Gelegenheit bekommen hast (Abb. 15).
Eignung als: Einzelaufgabe
Besonders geeignet für: Menschen, die die Abenteuerlust packt und die sich Herausforderungen stellen möchten.
Pädagogisches Potenzial und Lernmöglichkeiten: Mut aufbringen, um neue und unbekannte Situationen zu meistern, sich für die eigenen Wünsche und Bedürfnisse stark machen, Überwindung der eigenen Ängste vor einem Misserfolg, Auseinandersetzung mit den eigenen Stärken und Schwächen, aktiv werden, Herausforderungen in Angriff nehmen und meistern, Selbstvertrauen

Vorbereitung, Zeit, Material, Ort: abhängig von der individuell ausgewählten „persönlichen Herausforderung"

Hinweise: Persönliche Herausforderungen können bspw. sein: ein Gedicht in der Stadt vortragen, eine Heißluftballonfahrt, ein Interview führen, einem älteren Menschen die Einkaufstüten tragen, auf einem Campingplatz zelten. Bei der Auswahl der persönlichen Herausforderung muss die Leitung darauf achten, dass Stigmatisierungsprozesse vermieden und die gesellschaftlichen Gepflogenheiten eingehalten werden.

Insofern der / die TeilnehmerIn keine Idee hat, kann die Leitung Anregungen geben und einen Aktionenpool von Aktivitäten mitbringen, aus dem eine Aufgabe gewählt werden kann.

Perspektivwechsel

Abb. 16: Perspektivwechsel

Aufgabenstellung: Führt mit nichtbeeinträchtigten Menschen ein Kurzexperiment durch, in dem sie durch Selbsterfahrung eine bestimmte Form von Beeinträchtigung erleben können (Abb. 16).
Eignung als: Gruppenaufgabe
Besonders geeignet für: Menschen, die sich im Rollstuhl fortbewegen, Menschen mit starker Sehbehinderung / Blindheit und Hörschädigung.
Pädagogisches Potenzial und Lernmöglichkeiten: Empathie, Kommunikation, Selbst- und Fremdwahrnehmung, andere Menschen anleiten, Menschen für die Lebenswelt anderer (TeilnehmerInnen) sensibilisieren, Öffentlichkeitsarbeit, Profi in eigener Sache sein, Auseinandersetzung mit der eigenen Beeinträchtigung, stolz sein auf die eigenen Ressourcen

Vorbereitung: Es wird mit den TeilnehmerInnen besprochen, welche Selbsterfahrungsmöglichkeiten für die Außenstehenden vorbereitet werden sollen. Je nachdem werden Tastmaterialien ausgewählt und die Musikbox mit Alltagsgeräuschen bespielt.
Zeit: je nach Umfang 1 – 2 Stunden
Material: z. B.: Blindenbinden, Rollstuhl, Alltagsmaterialen und Brailleschrift zum Ertasten, Musikbox oder Lautsprecher zum Abspielen von Audiodateien der Alltagsgeräusche (die man entweder selbst aufgenommen hat oder von einer Alltagsgeräusche-CD abspielt)

Ort: Ruhigere Orte wie Stadtparks werden aufgrund der Atmosphäre bevorzugt.
Variante: Die TeilnehmerInnen bauen einen kleinen „Selbsterfahrungs-Stand" auf, an dem Menschen zu dem Experiment eingeladen werden.
Hinweis: Bspw. könnten die PassantInnen sich fünf Minuten im Rollstuhl fortbewegen oder versuchen, in einem Supermarkt ans obere Regal zu gelangen, sich mit einem Blindenstock orientieren, mit einer Blindenbinde Alltagsgegenstände ertasten oder Alltagsgeräusche erraten, die Gesprächsinhalte zwischen zwei gehörlosen TeilnehmerInnen, die sich in Gebärdensprache unterhalten sollen, von PassantInnen erraten werden, oder ihnen werden drei bis fünf Gebärden beigebracht.

Picknick

Aufgabenstellung: Bereitet ein Frühstück, Abendessen oder eine Zwischenmahlzeit als ein Picknick an einem Ort in der Stadt vor, an dem ihr essen, trinken und gemeinsam eine schöne Zeit verbringen werdet.
Eignung als: Gruppenaufgabe
Besonders geeignet für: Menschen, die ihre Mahlzeit in einer ausgefalleneren Umgebung (als am Tisch) einnehmen möchten.
Pädagogisches Potenzial und Lernmöglichkeiten: Kommunikation, Kreativität, gustatorische Sinneswahrnehmung, mit anderen teilen, essen mit Genuss, Gemeinschaftsgefühl stärken, abwechslungsreiche Atmosphäre erleben

Vorbereitung: Einkauf der Lebensmittel (z. B. Kuchen, Obst, Brot) und Getränke für das Picknick, Kaffee und Tee kochen; Die TeilnehmerInnen können in der Auswahl der Verpflegung und beim Einkauf einbezogen werden.
Zeit: 1,5 – 3 Stunden
Material: Picknickdecke(n), Verpflegung, Besteck, Geschirr, Gläser / Becher, Thermoskannen mit Kaffee und Tee oder Erfrischungsgetränken
Ort: Grünfläche der Stadt (zur Entspannung) oder an einem zentralen Platz (um viele visuelle und akustische Reize aufzunehmen), gegebenenfalls auch an einem ungewöhnlichen Ort picknicken (z. B. an einem Denkmal)

Variante: Zum Picknick können Kartenspiele oder Unterhaltungsmaterial mitgenommen werden.

Es können auch spontan PassantInnen zu dem Picknick eingeladen oder im Vorfeld ein Termin ausgehangen werden, an dem die MitbürgerInnen eingeladen werden, dem Picknick beizuwohnen und Verpflegung mitzubringen.

Hinweis: Ein Picknick lädt auch dazu ein, Gesprächsthemen außerhalb des gewohnten Rahmens wie z. B. der Wohneinrichtung anzubieten.

Preisvergleich

Aufgabenstellung: Geht in mindestens drei verschiedene Supermärkte / Geschäfte und vergleicht den Preis des gleichen Produktes von demselben Hersteller (z. B. eine bestimmte Schokoladensorte, Waschmittel).

Eignung als: Gruppenaufgabe (maximal 4 TeilnehmerInnen) und Einzelaufgabe

Besonders geeignet für: Menschen, die ein Verständnis von Mengenverhältnissen und Zahlen haben; Menschen mit Lernbeeinträchtigung.

Pädagogisches Potenzial und Lernmöglichkeiten: Problemlösung, lebenspraktische Fähigkeiten, Bezug zu Mengenverhältnissen und Zahlen erweitern, ökonomische Lebensweise, Achtsamkeit gegenüber Geld

Vorbereitung: Die Supermärkte werden ausgewählt.

Zeit: 1,5 – 3 Stunden

Material: eventuell Stift und Papier, um Ergebnisse festzuhalten

Ort: verschiedene Supermärkte, Kiosk, Tante-Emma-Laden, Bio-Laden, Tankstelle etc.

Variante: Der Preis mehrerer Produkte wird verglichen, und es wird eine Tabelle mit Preislisten erstellt. Wo bekomme ich welches Produkt am günstigsten? Welches Geschäft ist das kostengünstigste, wenn ich diese Artikel der zusammengestellten „Einkaufsliste" kaufen würde? Im Anschluss könnten PassantInnen rund um das Thema „Einkaufen und Preisvergleich" interviewt werden.

Hinweis: Die Distanz zwischen den Supermärkten sollte nicht zu groß sein, wenn man die Aktion an einem Tag durchführen möchte.

Profi in eigener Sache

Abb. 17: Profi in eigener Sache

Aufgabenstellung: Leistet Aufklärungsarbeit in Schulklassen oder anderen Einrichtungen unter dem Themenschwerpunkt Beeinträchtigung, der damit verbundenen gesellschaftlichen und infrastrukturellen Barrieren, zur Verfügung stehenden Hilfsmittel, Tagesabläufe, euren Wünschen und Ideen sowie der Darstellung dessen, was ihr gut könnt (Abb. 17).
Eignung als: Gruppenaufgabe (2 – 4 TeilnehmerInnen)
Besonders geeignet für: Menschen mit einer körperlichen Beeinträchtigung, einer Sehbeeinträchtigung (bis hin zu Blindheit) oder Hörschädigung; Kontraindiziert ist diese Aktion bei Menschen, die sich vor einem Publikum unwohl fühlen und angespannt, nervös bis hin zu ängstlich oder aggressiv werden können.
Pädagogisches Potenzial und Lernmöglichkeiten: Teamarbeit, Kommunikation, Kreativität, Selbst- und Fremdwahrnehmung, Selbstvertrauen, Selbstdarstellung, Auseinandersetzung mit der eigenen Beeinträchtigung, Menschen für die Lebenswelt anderer (TeilnehmerInnen) sensibilisieren, Öffentlichkeitsarbeit, Profi in eigener Sache sein, geeignetes Nähe-Distanz-Verhältnis, Ausloten von Zurückhaltung und im Mittelpunkt stehen

Vorbereitung: Es werden ein Kooperationspartner (Schulklasse o.Ä.) gesucht und ein Termin vereinbart. Die Leitung und TeilnehmerInnen erarbeiten einen Vortrag / Präsentation zum Thema „Beeinträchtigung“.
Zeit: ca. 1 – 3 Stunden
Material: gegebenenfalls vorbereitete Plakate, eine Powerpoint-Präsentation, Hilfsmittel wie z. B. Braille-Schreibmaschine
Ort: je nach Kooperationspartner z. B. Klassenzimmer, Vortrags- oder Konferenzraum
Variante: Es kann auch eine bestimmte Form von Beeinträchtigung wie z. B. Blindheit bearbeitet werden.
Hinweise: Den SchülerInnen kann die Option einer offenen „Fragerunde“ gegeben werden. Dabei ist darauf zu achten, dass die Intimsphäre der TeilnehmerInnen gewahrt wird! Am Ende ist eine gemeinsame Feedback- / Reflexionsrunde mit der Klasse empfehlenswert.

Second Hand

Aufgabenstellung: Geht in einen Second-Hand-Laden und stellt euch jeweils ein Outfit zusammen, das ihr kauft, um es in eurem Alltag zu tragen.
Eignung als: Gruppenaufgabe (maximal 4 TeilnehmerInnen) und Einzelaufgabe
Besonders geeignet für: experimentierfreudige und kreative Menschen.
Pädagogisches Potenzial und Lernmöglichkeiten: Nachhaltigkeit, Kreativität, Flexibilität, konsumkritische Lebensvorstellung, Beitrag zum Umweltschutz, Spaß beim Einkauf

Vorbereitung: /
Zeit: 1 – 2 Stunden
Material: /
Ort: Second-Hand-Laden oder Flohmarkt, auf dem bereits getragene Kleidung verkauft wird
Variante: Es werden Outfits zu verschiedenen Themen (z. B. sportlich, schick, alternativ, „trashig") zusammengestellt und anprobiert.
Hinweis: Im Anschluss an die Aktion könnte das Thema „Konsum in der Gesellschaft" thematisiert und beleuchtet werden.

Seelenentspannung

Aufgabenstellung: Findet in der Stadt einen Ort der Entspannung, an dem ihr gemeinsam ruhen und eure Seele baumeln lassen könnt.
Eignung als: Gruppenaufgabe und Einzelaufgabe
Besonders geeignet für: Menschen, die die Ruhe genießen können.
Pädagogisches Potenzial und Lernmöglichkeiten: Rückzugsmöglichkeiten schaffen, Kontemplation, Entspannung, „Energie" tanken, meditativer Charakter

Vorbereitung: /
Zeit: 1 – 3 Stunden
Material: ggf. Sitzdecken, Stadtplan, um z. B. Grünflächen zu finden
Ort: z. B. Stadtpark, Stadtwald, Flussufer, möglichst lärm- und verkehrsfreie Plätze
Variante: Alle TeilnehmerInnen wählen an dem Ort einen eigenen Platz und besinnen sich 20 – 30 Minuten lang nur auf sich selbst.

Hinweis: Während der Aktion könnte leise, meditative Musik (von einer kleinen tragbaren Musikbox oder vom Mobiltelefon) abgespielt werden.

Stadtführung

Aufgabenstellung: Plant eine eigene Stadt-/Dorfführung, in der ihr bspw. PassantInnen, Familienmitgliedern, Bekannten oder MitbewohnerInnen der Wohngruppe zeigt, was ihr sehenswert und besonders findet.
Eignung als: Gruppenaufgabe
Besonders geeignet für: Menschen mit lautsprachlicher Kommunikation, Menschen mit Lernbeeinträchtigung.
Pädagogisches Potenzial und Lernmöglichkeiten: Kommunikation, Planung und Organisation, Kreativität, Sinneswahrnehmung, Wissenserweiterung und -vermittlung, Auseinandersetzung mit der eigenen Lebenswelt, Einbinden anderer in die eigenen Empfindungen

Vorbereitung: Sofern den PassantInnen nicht spontan eine Stadtführung angeboten wird, werden Menschen im Vorfeld festgelegt und zu einem Termin eingeladen. Die Einladungen können telefonisch, per E-Mail oder klassisch per Post ausgesprochen werden. Es ist sinnvoll, mit den TeilnehmerInnen den Stadtbereich vorab nochmal genauer zu erkunden, damit favorisierte Plätze/Denkmäler etc. als Etappen der Führung mit aufgenommen werden. Daraus wird ein Plan mit Wegstrecke zusammengestellt. Schön wäre außerdem, wenn die TeilnehmerInnen zu dem einen oder anderen Bauwerk oder Ort etwas Hintergrundwissen erwerben können, um dieses bei der Führung einzusetzen.
Zeit: 1,5–3 Stunden
Material: Plan der Wegstrecke mit den Etappenzielen/sehenswerten Zielen
Ort: alles, was für die TeilnehmerInnen besonders, spannend, schön, anders, vielleicht sogar subjektiv als hässlich empfunden wird, und deshalb sehenswert ist.

Stadtkonzert

Abb. 18: Stadtkonzert

Aufgabenstellung: Führt ein eigenes Musikkonzert auf einer Wiese am Fluss der Stadt oder im Stadtpark auf (Abb. 18).
Eignung als: Gruppenaufgabe (mindestens 3 TeilnehmerInnen)
Besonders geeignet für: Menschen, die einen guten Zugang zu Musik haben, gerne singen, eventuell ein Musikinstrument spielen können.
Pädagogisches Potenzial und Lernmöglichkeiten: Kreativität, Teamfähigkeit, Organisation, Sinneswahrnehmung, Selbstvertrauen, musisches Tun, Rhythmusgefühl ausbauen, Spannungen durch das Musizieren lösen, EntertainerIn sein

Vorbereitung: Die TeilnehmerInnen wählen gemeinsam Lieder aus sowie jeweils ein Instrument, das sie spielen möchten (z. B. Rassel, Trommel, Triangel, Xylophon, Bongos, Tamburin, Egg Shaker). In mehreren Treffen werden die TeilnehmerInnen zusammen mit der Leitung die ausgewählten Lieder „einstudieren".
Zeit: mit Spielpausen und Wiederholung verschiedener Lieder ca. 1 – 2 Stunden
Material: Musikinstrumente, Liedtexte, ggf. eine oder mehrere Picknickdecken, falls das Konzert sitzend durchgeführt wird
Ort: Stadtpark, Uferpromenade
Variante: Vorbeigehende oder beobachtende Menschen können dazu animiert werden, bei dem Konzert zuzuhören oder mitzumachen, indem sie sich dazu setzen / stellen und sich Musikinstrumente aussuchen können.
Hinweise: Erwachsene Menschen mit Beeinträchtigung sollten aufgrund der Gefahr einer Stigmatisierung keine Kinderlieder singen.

Von der Umsetzung des Stadtkonzertes ist in den Einkaufspassagen mitten in der Stadt abzuraten, da vorerst die Genehmigung einer Behörde beantragt werden müsste.

Stadtrallye

Aufgabenstellung: Erkundet die Stadt anhand eines Quiz. Bittet MitbürgerInnen um Hilfe bei der Beantwortung der Quizfragen.
Eignung als: Gruppenaufgabe
Besonders geeignet für: Wissbegierige und erkundungsfreudige Menschen, Menschen mit einer körperlichen Beeinträchtigung oder Lernbeeinträchtigung.
Pädagogisches Potenzial und Lernmöglichkeiten: Kooperation, Kommunikation, Problemlösung, Neugierde wecken, die Stadt in mehreren Facetten wahrnehmen und erkunden, Wissenserweiterung

Vorbereitung: Die Leitung erstellt ein Stadt-Quiz über Besonderheiten, Sehenswürdigkeiten, geschichtliche Aspekte, Freizeitangebote, Stadtteile, Einwohnerzahl etc.
Zeit: je nach Anzahl der Quizfragen zwischen 1 bis 2 Stunden
Material: vorbereitetes Stadt-Quiz, Stift
Variante: Es kann auch ein Quiz über einen Stadtteil oder ein Dorf, in dem die TeilnehmerInnen wohnen, vorbereitet werden.
Hinweis: Es kann auch das Touristikinformationszentrum zur Unterstützung einbezogen werden.

Stadttauben

Aufgabenstellung: Fotografiert verschiedene Tauben in der Stadt. Geht so nah wie möglich an die Tauben heran, aber seid so achtsam, dass diese sich nicht erschrecken und wegfliegen. Beobachtet ihr Verhalten und recherchiert im Anschluss über das Leben von Stadttauben.
Eignung als: Gruppenaufgabe (kleine Teilnehmerzahl) und Einzelaufgabe
Besonders geeignet für: tierliebe- und interessierte Beobachter; Diese Aufgabe ist für Menschen mit Blindheit ungeeignet.
Pädagogisches Potenzial und Lernmöglichkeiten: Achtung vor Tieren, sich vorsichtig und strukturiert fortbewegen, Achtsamkeit, gezielte Beobachtung, Auseinandersetzung und Interesse für andere Lebewesen

Vorbereitung: /
Zeit: 2 – 5 Stunden; Zeitaufwand ist besonders abhängig von der Intensität und Gestaltung der Recherchearbeiten.
Material: Fotokamera, Tierlexikon für Recherchearbeiten oder Internetzugang
Ort: z. B. Bahnhofplätze, Einkaufspassagen, Parks

Hinweise: Es wird ohne Blitz (!) fotografiert, um die Tauben nicht zu erschrecken.

Die TeilnehmerInnen sollten am besten nacheinander auf die Tauben zugehen, um diese nicht zu verschrecken.

Straßenschilder und Co.

Aufgabenstellung: Zählt und notiert alle Straßenschilder, Straßenmarkierungen (z. B. Zebrastreifen, Fahrradweg) und Verkehrszeichen in einer Straße. Besprecht deren Bedeutung. Dabei könnt ihr entweder PassantInnen einbeziehen, eine Fahrschule aufsuchen oder die Bedeutung mit Hilfe von Büchern oder dem Internet herausfinden.
Eignung als: Gruppenaufgabe und Einzelaufgabe
Besonders geeignet für: Menschen, die weitestgehend eine verkehrssichere Fortbewegung haben oder die von der Leitung gegebenen Regeln einhalten können; Menschen mit plötzlichen „Weglauftendenzen“ und geringer Gefahreneinschätzung sollten aufgrund der damit verbundenen Gefahren (z. B. angefahren werden) an der Aktion nicht teilnehmen.
Pädagogisches Potenzial und Lernmöglichkeiten: Verkehrssicherheit, lebenspraktische Fähigkeiten, Auseinandersetzung mit Gefahren und Regeln im Straßenverkehr

Vorbereitung: Die Leitung wählt eine geeignete Straße.
Zeit: 1 – 2,5 Stunden
Material: eventuell Buch zu Straßenverkehr und Verkehrserziehung, internetfähiges Mobiltelefon
Ort: Straße mit einer Auswahl an Straßenschildern, Straßenmarkierungen, Ampeln etc.
Variante: Es könnte eine kleine Broschüre über die Bedeutung der Straßenschilder und Verkehrssicherheit angelegt werden (mit gemalten Bildern, Fotos, Symbolen, Schriftsprache etc.).
Hinweis: Große, undurchsichtige und reizüberflutende Straßen mit hohem Verkehrsaufkommen sollten vermieden werden.

Theaterperformance

Aufgabenstellung: Führt für euch eine Theaterperformance nach dem Konzept „Jeux Dramatiques" auf.
Eignung als: Gruppenaufgabe (je größer die Gruppe umso vielfältiger die Theaterperformance)
Besonders geeignet für: Menschen, die sich auch ohne Lautsprache ausdrücken und sich sprachlich zurückhalten können; Bei der Umsetzung des Ausdrucksspiels (Jeux Dramatiques) wird auf die Sprache der TeilnehmerInnen verzichtet, da die Leitung das Spiel in Worte fasst. Somit bietet die Aufgabe vor allem Menschen ohne Lautsprache die Möglichkeit, ihre Kompetenzen des nonverbalen Ausdrucks aktiv einzubringen.
Pädagogisches Potenzial und Lernmöglichkeiten: nonverbale Kommunikation, Spielfreude, gemeinsames Agieren, Spontaneität, Toleranz, Empathie, Kreativität, Perspektivwechsel, sich in selbstgewählte Rollen einfinden, Impulse aufnehmen und umsetzen, Selbst- und Fremdwahrnehmung, Exploration von Verhaltensweisen und Hinterfragen von Verhaltensmustern

Vorbereitung: Die Leitung setzt sich mit dem Konzept Jeux Dramatiques auseinander und kennt dessen Spielanleitung. Außerdem wählt sie eine Geschichte (oder Märchen, Gedicht) aus, die gespielt werden soll.
Zeit: 1 – 2 Stunden
Material: Requisiten, die die Darstellung der Geschichte erleichtern (z. B. farbige Tücher, Kleidung, Kostüme, Hüte, Schmuck, Alltagsgegenstände)
Ort: ruhige Atmosphäre (z. B. Stadtpark)
Variante: Die TeilnehmerInnen entwerfen mit der Leitung eine Spielgeschichte, die im Anschluss dargestellt wird.

Die Performance kann mit einer Videokamera aufgenommen und anschließend mit den TeilnehmerInnen gesehen und reflektiert werden.
Hinweis: Jeux Dramatiques ist ein freies Theaterspiel, in dem sich die TeilnehmerInnen ihre Rollen (auch mehrfach besetzbar möglich) selbst aussuchen und es keine Regieanweisungen oder Proben gibt. Da die Leitung als ErzählerIn der Geschichte das Ausdrucksspiel sprachlich begleitet, setzen sich die TeilnehmerInnen mit Mimik, Gestik und eventuell mit Lauten in Szene (Weiss 2013).

Geeignet sind Geschichten, die die TeilnehmerInnen kennen oder deren Themen von persönlicher Bedeutung sind.

Unbekanntes Terrain

Aufgabenstellung: Fahrt in eine für euch unbekannte Stadt. Findet mit Hilfe von PassantInnen heraus, was an der Stadt sehenswert ist und besucht vereinzelte Orte, die euch vorgeschlagen wurden. Sucht gegebenenfalls auch eine Touristeninformation auf. Sammelt Eindrücke, Flyer, Fotomaterial und Broschüren. Zuhause/in der Einrichtung gestaltet ihr daraus für die Menschen, mit denen ihr zusammenlebt und die nicht dabei waren, einen kurzen Vortrag, eine Präsentation oder ein Fotobuch über die Stadt.
Eignung als: Gruppenaufgabe
Besonders geeignet für: Menschen mit Lernbeeinträchtigung; Es sollten keine TeilnehmerInnen gewählt werden, die von dieser arbeitsreichen und zeitintensiven Aktion überfordert sein könnten.
Pädagogisches Potenzial und Lernmöglichkeiten: Kommunikation, Kooperation, Absprachen, Selbst- und Fremdwahrnehmung, Kreativität, Ausdauervermögen, Exploration, Selbstvertrauen

Vorbereitung: Die Stadt wird ausgewählt und die Fahrt dorthin wird organisiert.
Zeit: zwei Tage á 6–8 Stunden; ein Tag zur Erkundung der Stadt, ein Tag zur Vorbereitung der Präsentation
Material: Digitalkamera/Mobiltelefon während der Stadterkundung; Die Materialien für Vorträge und Präsentation variieren (z. B. Plakate, Stifte, Laptop für eine Powerpoint-Präsentation).
Ort: Eine Stadt, die den TeilnehmerInnen nicht oder kaum bekannt ist und z. B. in 30 km Entfernung liegt. Es muss keine Großstadt oder weitentfernte Stadt sein.
Hinweis: Die TeilnehmerInnen können nach der Gestaltung der Präsentation einen Termin bekannt geben, an dem den MitbewohnerInnen/MitschülerInnen die erkundete Stadt nähergebracht wird.

Von A bis Z aufgeklärt

Aufgabenstellung: Besucht in der Stadt eine Beratungsstelle (z. B. „Pro Familia“) und lasst euch zum Thema Sexualität, Verhütung und Partnerschaft beraten. Ihr könnt euch im Vorfeld auch Fragen ausdenken, die ihr den BeraterInnen stellen möchtet.
Eignung als: Gruppenaufgabe und Einzelaufgabe
Besonders geeignet für: alle Menschen, da Sexualität jeden betrifft; Bei einer schwerstgradigen geistigen Beeinträchtigung werden die Inhalte, die vermittelt werden sollen, (vermutlich) zu komplex sein.
Pädagogisches Potenzial und Lernmöglichkeiten: eigene (sexuelle) Bedürfnisse wahrnehmen und anerkennen, Aufklärung, natürlicher Umgang mit dem Themenkomplex, Tabuisierung und Scham ablegen, Prävention vor sexualisierter Gewalt, Achtung vor dem eigenen Körper, respektvoller Umgang mit dem Gegenüber, Intimsphäre wahren können, sich ernst genommen und erwachsen fühlen

Vorbereitung: Die Leitung muss einen Termin mit der Beratungsstelle vereinbaren. Außerdem müssen die BeraterInnen über die Ressourcen und Beeinträchtigungen aufgeklärt werden, damit sie die Beratung so gestalten können, dass die Bedürfnisse (z. B. Verstehen der Inhalte) der TeilnehmerInnen bestmöglich abgedeckt werden.
Zeit: mehrere Stunden (abhängig von Beratungsstelle)
Material: /
Ort: Beratungsstelle oder die eigene Einrichtung, wenn die Beratung dort stattfindet
Variante: Eine weitere Aufklärungsmöglichkeit besteht darin, dass die Leitung ein theater-pädagogisches Präventionsprogramm (z. B. „Ja! Nein! Und lass das sein!“) organisiert, das sich die TeilnehmerInnen ansehen / anhören können und im Anschluss Reflexionsgespräche stattfinden.
Hinweis
Gegebenenfalls können (auf Anfrage) auch die BeraterInnen in die Einrichtung kommen, um Aufklärungsarbeit zu leisten.

Waldfreude

Aufgabenstellung: Bringt den PassantInnen ein wenig Natur in die Stadt. Sammelt dafür im Vorfeld in einem Wald Naturmaterialien. Achtet dabei auf einen behutsamen und wertschätzenden Umgang mit der Natur. Legt die gesammelten Naturmaterialien in „Fühlkartons“, in die PassantInnen hineingreifen müssen, um deren Inhalt zu erraten.
Eignung als: Gruppenaufgabe
Besonders geeignet für: Menschen, die naturverbunden sind und die die Grenzen anderer Menschen wahren.
Pädagogisches Potenzial und Lernmöglichkeiten: Kommunikation, Überzeugungsfähigkeit, Behutsamkeit, Menschen (PassantInnen) Grenzerfahrungen ermöglichen und diese bei dem Prozess begleiten, Vertrauen, Empathie, Achtsamkeit gegenüber der Natur

Vorbereitung: Basteln der „Fühlkartons“, Sammeln von Naturmaterialien
Zeit: 1 – 2 Stunden
Material: „Fühlkartons“, Naturmaterialien (z. B. Eicheln, Zweige, Blätter, Laub, Zapfen, Kräuter, Erde, Moos, Steine und Trittspure von Tieren), vielleicht noch Augenbinden
Ort: ruhigere Plätze mit niedrigem Lautstärkepegel (Große Marktplätze oder abgelegene Straßen in Stadtvierteln sind Einkaufspassagen eindeutig vorzuziehen.)
Variante: Auch der olfaktorische Sinn kann bei dieser Aktion einbezogen werden, indem die PassantInnen mit verschlossenen Augen den Kartoninhalt mit Hilfe des Geruchssinns erraten.
Hinweise: Wenn die „Fühlkartons“ so konstruiert sind, dass die PassantInnen den Inhalt nicht sehen, kann auf Augenbinden verzichtet werden.

Die TeilnehmerInnen sollten informiert werden, dass das blinde Hineingreifen in eine unbekannte Box mit unbekannten Gegenständen auch Angst bei den PassantInnen auslösen kann.

Walkie-Talkie-Tour

Aufgabenstellung: Ihr teilt euch in zwei Gruppen (Auftraggeber, Spione) ein, wovon jede ein Walkie-Talkie (alternativ: Mobiltelefon) erhält. Mit diesem vermittelt die eine Gruppe der anderen Gruppe die Orte der von ihnen versteckten Gegenstände. Diese sollen gefunden werden. Bspw. könnte die suchende Gruppe folgenden Auftrag erhalten: Findet den grünen Jackenknopf, den wir

in der Hufeisenstraße versteckt haben. Er liegt gegenüber des Optikers unter einer Bank.
Eignung als: Gruppenaufgabe
Besonders geeignet für: visuell aufmerksame Menschen mit hoher Frustrationstoleranz; Für Menschen mit Blindheit ist die Aktion nicht durchführbar.
Pädagogisches Potenzial und Lernmöglichkeiten: Kommunikation, Absprache, Problemlösung, Beobachtungs- und Auffassungsgabe, visuelle Wahrnehmung, Orientierung in der Stadt, Raum-Lage-Orientierung (z. B. unten, oben, links, rechts), Konzentration, Durchhaltevermögen

Vorbereitung: Die Leitung legt das Areal, in dem die Aktion stattfindet, fest und sammelt Gegenstände, die in der Aktion versteckt und gefunden werden sollen.
Zeit: 1 – 2 Stunden
Material: verschiede (Alltags-)Gegenstände in verschiedenen Größen (Schwierigkeitsgrad kann somit verändert werden), Stadtplan zur Orientierung
Ort: eine Gegend mit vielen verschiedenen Erkennungsmerkmalen und Orientierungspunkten (z. B. Geschäfte, Bauwerke, Schilder, Straßennamen)
Variante: Es können entweder einzelne Gegenstände nacheinander versteckt und gesucht werden, oder die Auftraggeber-Gruppe legt eine Fährte / Route von Gegenständen an unterschiedlichen Orten bis zum Zielpunkt.

Der Schwierigkeitsgrad kann angepasst werden, indem die Auftraggeber weniger Tipps („Wo befinden sich die Gegenstände?") geben (z. B.: „Findet den grünen Jackenknopf, den wir in der Hufeisenstraße in der Nähe des Optikers versteckt haben.").
Hinweis: Jede Gruppe übernimmt einmal die Rolle des Auftraggebers und einmal die Rolle der Spione.

Die Auftraggeber-Gruppe muss ausreichend Zeit erhalten, um die Gegenstände an den Orten zu verstecken.

Weniger als zwanzig

Aufgabenstellung: Kauft in einem Supermarkt Lebensmittel ein, von denen ihr im Anschluss ein Menü kocht und gemeinsam esst. Die Lebensmittel dürfen zusammen bis zu 20 Euro kosten. Lasst die Menschen, die in dem Supermarkt einkaufen, euer Menü anhand der Lebensmittel im Einkaufswagen erraten.
Eignung als: Gruppenaufgabe
Besonders geeignet für: Menschen mit Zahlenverständnis und Handlungskompetenzen im häuslichen Bereich (Kochen).

Pädagogisches Potenzial und Lernmöglichkeiten: Kommunikation, Zahlenraum bis 20 lebenspraktisch erfassen, lebenspraktische Fähigkeiten (einkaufen, zählen, kochen, essen), Organisation, Absprache, Bereitschaft zum Teilen, Atmosphäre schaffen und erleben

Vorbereitung: Die Leitung organisiert, dass die Küche für die TeilnehmerInnen zur freien Verfügung steht und nicht von anderen blockiert wird. Die TeilnehmerInnen vereinbaren ein Menü, das gekocht werden soll, und schreiben eine Einkaufsliste.
Zeit: 3 – 5 Stunden
Material: Geld für den Einkauf, Stofftaschen, um die Lebensmittel zu tragen, Küchenutensilien zum Kochen
Ort: Supermarkt und Küche der Einrichtung
Hinweise: Umso höher die Anzahl an TeilnehmerInnen, desto höher muss das Budget für den Einkauf ausgelegt werden. So kann die Aufgabe beispielsweise auch mal „Weniger als dreißig“ heißen.

Wenn TeilnehmerInnen ohne Zahlenverständnis teilnehmen, dann übernimmt die Leitung die finanzielle Koordination.

Zeit, die läuft

Aufgabenstellung: Beobachtet die Stadt/die Menschen/den Verkehr an verschiedenen Wochentagen und zu verschiedenen Tageszeiten. Haltet die Beobachtungen schriftlich, mit selbstgemalten Bildern, Fotos, Sprachaufnahmen oder Videos fest. Vergleicht zum Schluss die Beobachtungen und welche Veränderungen sich je nach Wochentag und Tageszeit ergeben haben.
Eignung als: Gruppenaufgabe
Besonders geeignet für: aufmerksame, beobachtungsfreudige und flexible Menschen; Manche Menschen mit Autismus sollten an dieser Aktion nicht teilnehmen (z. B. wenn die zu beobachtbaren Veränderungen im Empfinden dieser Menschen nicht ausreichend strukturiert und routiniert sind und sie aufgrund dessen das innere Gleichgewicht verlieren).
Pädagogisches Potenzial und Lernmöglichkeiten: Beobachtungsgabe, Ausdauer, Auseinandersetzung mit Veränderungen, Flexibilität, Konzentration, Kreativität

Vorbereitung: Es werden Wochentage, Tageszeiten und der Beobachtungsort ausgewählt.

Zeit: z. B. vier Termine á 1,5 Stunden
Material: Stifte, Papier, Kamera
Ort: Die Auswahl des Ortes ist abhängig davon, was oder wer beobachtet wird.
Hinweise: Die Leitung muss die Wochentage und Tageszeiten so wählen, dass eine deutliche Veränderung erkennbar ist, z. B. wird die Einkaufspassage an einem Samstagmittag (Hochbetrieb) und einem Montagmorgen vor den Öffnungszeiten (wenige Menschen) gemustert. Oder der Verkehr wird am Dienstagmorgen von 8.30 – 9.30 Uhr (Rushhour) und am Dienstagmittag von 12 – 13 Uhr (verkehrsberuhigter) beobachtet.

Die Beobachtungen finden immer an identischer Stelle statt.

Zeitwächter

Aufgabenstellung: Interviewt ältere Menschen zu ihrem Leben. Gestaltet im Anschluss (über mehrere Termine) ein Biografie-Buch über euch selbst. Inhalt dessen kann z. B. sein: Umfeld an Menschen, Hobbys, Lieblingsessen, Musik, Ziele und Wünsche, glückliche und traurige Momente, Urlaub
Eignung als: Gruppenaufgabe und Einzelaufgabe
Besonders geeignet für: Menschen, die sich mit sich selbst auseinandersetzen möchten.
Pädagogisches Potenzial und Lernmöglichkeiten: Kommunikation, Empathie, Selbst- und Fremdwahrnehmung, Sensibilität für andere Lebenswelten, Bewusstwerdung eigener Stärken und Schwächen, Konfrontation mit sich selbst, die eigene Biografie annehmen, Identifikationsprozesse, Anbahnung von „persönlicher Zukunftsplanung"

Vorbereitung: Die TeilnehmerInnen entwerfen gemeinsam mit der Leitung eine Fragenliste für das Interview mit älteren Menschen. Die Leitung informiert sich zum Konzept Biografiearbeit.
Zeit: ca. 2 Stunden Interviews und z. B. 3 Treffen á 2 Stunden zur Erstellung des Biografie-Buches
Material: Fragenliste für das Interview, leeres Heft/Buch, Stifte, Materialien zur Dekoration des Biografie-Buches, ggf. ein Fachbuch zur Biografiearbeit
Ort: Das Interview könnte in der Stadt stattfinden, oder es werden Bekannte aus dem Kreis der MitarbeiterInnen für ein Interview eingeladen. Die Biografiearbeit findet in der Einrichtung/Schule statt.
Variante: Es kann ein gemeinsames Biografie-Buch erstellt werden oder alle TeilnehmerInnen erstellen ein eigenes. Wichtig ist dennoch der gemeinsame Austausch zu den einzelnen Themen.

Alternativ zu älteren PassantInnen könnten auch Menschen in einem Altenheim interviewt werden. Hier müsste die Leitung vorab einen Termin vereinbaren.

Eine weitere Ausbaumöglichkeit stellt der Besuch in einem historischen Museum dar: Wie gestaltete sich das Leben der Menschen in der Steinzeit, im Mittelalter etc.?

Hinweis: Die Fragestellungen des Interviews erfordern ein gewisses Maß an Sensibilität.

Zielroute

Aufgabenstellung: Findet anhand des vorliegenden Stadtplans (Ausschnitt einer Karte) eine geeignete Wegstrecke, um an das eingezeichnete Ziel zu gelangen. Orientiert euch dabei an Straßennamen und Kreuzungen.

Eignung als: Gruppenaufgabe

Besonders geeignet für: Menschen, die lesen und sich visuell orientieren können.

Pädagogisches Potenzial und Lernmöglichkeiten: Kommunikation, Absprache, Koordination, Orientierung, Konzentration, Lesefähigkeit im Straßenverkehr nutzen

Vorbereitung: Stadtpläne im Touristenzentrum organisieren oder Kartenmaterial im Internet ausdrucken, eventuell den benötigten Ausschnitt eines Stadtplans vergrößert ausdrucken, Start- und Zielpunkt wählen und deutlich markieren

Zeit: 45 – 90 Minuten, je nach Distanz

Material: Stadtplan oder ein Ausschnitt davon

Ort: z. B. ein unbekannter Stadtteil

Variante: Für Menschen, die nicht lesen, sich aber visuell orientieren können, kann die Leitung eine von ihr vorgegebene Wegstrecke in Fotos darstellen. Der Weg wird somit anhand der Fotos von den Teilnehmenden gefunden.

Hinweis: Optimal ist es, wenn der Zielort so gewählt ist, dass er die TeilnehmerInnen motiviert, dort anzukommen (z. B. weil dort im Anschluss eine Freizeitaktivität stattfinden kann).

3 Eigene City-Bound-Aktionen entwickeln

Dieses Kapitel möchte PädagogInnen dazu anregen und bestärken, die Ideensammlung mit eigenen Vorstellungen und Aktionen zu erweitern. Es gibt mehrere Faktoren, die die Leitung zu einem Entwerfen von City-Bound-Aktionen inspirieren können (Abb. 19).

Modifikation: Die aus anderen Quellen bereits bestehenden City-Bound-Aktionen dienen als Entwurf für eine Modifikation, sodass sie von Menschen mit Beeinträchtigung genutzt werden können. Achtung: Dass bestimmte TeilnehmerInnen mit Beeinträchtigung die modifizierte Aktion umsetzen können, bedeutet nicht, dass andere TeilnehmerInnen mit Beeinträchtigung diese genauso bewältigen können. Die Modifikation bezieht sich in erster Linie nicht auf den Begriff „behindertengerecht", sondern auf das Prinzip der Individualität. Jede Aktion muss auf eine Bewältigung hin überprüft und individuell abgewandelt werden. Überprüfung bedeutet in dem Sinne nicht, dass die Leitung eine Testgruppe vorschickt, sondern dass sie die Aufgabenstellung kritisch hinterfragt.

Ein Beispiel für eine Modifikation: Die Aktion „Autogrammjäger" (Klein / Wustrau 2014, 40), in der es um ein angezogenes weißes T-Shirt geht, das von PassantInnen signiert werden soll, wurde auf ein behagliches Nähe-Distanz-Verhältnis angepasst. In „Designertasche" sollen die TeilnehmerInnen daher eine Stofftasche signieren lassen.

Perspektive der Lebenswelterweiterung: Unter dem Aspekt der Lebenswelterweiterung werden Aktionen geschaffen, die verschiedene Teilhabebereiche abdecken und somit zu einer Steigerung der Lebensqualität der TeilnehmerInnen führen. Die Teilhabebereiche beziehen sich auf Gesundheit, Mobilität, Wohnen, Freizeit, Arbeit, Erwachsenenbildung, Sexualität, politische Teilhabe und soziale Teilhabe (Integration, Inklusion).

Der Teilhabebereich Mobilität wird bspw. mit der Aktion „Barrierefreie Reise" angeschnitten und die Verkehrssicherheit in Form von „Straßenschilder und Co" erlebnisorientiert näher gebracht. Vor dem Hintergrund der Lebenswelterweiterung entstand auch die Aktion „Gemeinsam Vielfältiges erleben", die in Form einer Kooperation mit einem Kindergarten praktisch erprobt wurde.

Des Weiteren kann eine Annäherung von lebenspraktischen Fähigkeiten und Fertigkeiten stattfinden. Hierzu zählt bspw. die Aktion „Weniger als zwanzig", in der es um eine Aneignung des Zahlenraums 0 – 20 geht und in Kombination mit alltagsrelevanten Kompetenzen wie Einkaufen und Kochen umgesetzt wird.

Ideen der TeilnehmerInnen: Die Leitung kann im Vorfeld eines City-Bound-Programms die TeilnehmerInnen bei der Gestaltung einbeziehen, indem sie um Ideenvorschläge (z. B. in Form eines Themas) bittet, die dann bei dem Entwurf der Aktionen berücksichtigt werden.

Auf diese Weise kam es bspw. zu der Aktion „Perfektes Dinner". Ein Teilnehmer, der mit Begeisterung eine Fernsehsendung verfolgte, in der es um das Zubereiten eines Abendessens ging, wünschte sich Gastgeber eines perfekten Dinners zu sein.

Zeit und Raum: „Die Jahresuhr steht niemals still." Diese Tatsache gibt den Anlass, den Zeitaspekt in die Ideenentwicklung einzubeziehen (z. B. in Form von Jahreszeiten, Festlichkeiten, Feiertagen und Wetter), kurzum: für die Gesellschaft bedeutsame Naturgesetze oder Riten, die das Leben beeinflussen. Ein weiterer Faktor, der die zeitliche Dimension ergänzt, ist der Raumbegriff. Hierbei kann es sich um bekannte und unbekannte Städte, Stadtteile, Ruheorte, turbulente Orte, barrierefreie Plätze und vieles mehr handeln.

In ein zeitlich orientiertes City-Bound-Programm namens „Winterwunderland" wurde bspw. die Aktion „Freude im Glas" einbezogen.

Stärkenorientierung der Leitung und Begleitpersonen: Eine Vielzahl von weiteren Aktionen kann erschlossen werden, indem die Vorlieben, Präferenzen, Stärken, Kompetenzen und Fortbildungen der Leitung und der einzelnen pädagogischen Begleitpersonen bei der Ideenentwicklung integriert werden.

Die Aufgabe „Waldfreude" hat sich z. B. aus der Fortbildung zum zertifizierten Waldpädagogen entwickelt. Aufgrund der Zusatzqualifikation zur integral-therapeutischen Musikpädagogin inspirierte eine Arbeitskollegin zu der Aktion „Stadtkonzert".

Ressourcen- und Bedürfnisorientierung: Der Aktionsentwurf der Leitung orientiert sich sowohl an den Kompetenzen und Fähigkeiten der TeilnehmerInnen als auch an deren Bedarfen, Wünschen und Interessen. Das bedeutet, dass die Aktion spezifisch anhand der einzelnen TeilnehmerInnen entwickelt wird. Des Weiteren kann eine Aktion so entwickelt werden, dass sie gewisse Lernmöglichkeiten bereithält, die für bestimmte Teilnehmende von Bedeutung sind.

Unter der Aktion „persönliche Herausforderung“ hat beispielsweise eine Teilnehmerin mit Blindheit den Wunsch geäußert, Heißluftballon zu fahren. „Blind? Was nutzt es ihr, in der Luft zu sein, wenn sie den Ausblick nicht sieht?!“ Die Leitung kann die Details des Ausblicks mit Worten darstellen, es werden ungewohnte akustischen Reize bspw. durch das Anfeuern des Ballons wahrgenommen. Des Weiteren kann ein Abstand von der nahezu alltäglichen Reizüberflutung gewonnen werden. Außerdem beschrieb die Teilnehmerin den Anstieg des Heißluftballons mit einem positiven Bauchkribbeln und empfand die Gespräche mit den unbekannten Menschen, die ebenso Passagiere waren, als einen Höhepunkt. Und was hat Heißluftballonfahren mit Herausforderung zu tun? Die Teilnehmerin sollte bspw. – in dem Beisein der Leitung – mit dem Unternehmen telefonieren, um einen Termin zu vereinbaren. Auch der Start der Heißluftballonfahrt gestaltete sich herausfordernd, da die Teilnehmerin aufgrund ihrer Blindheit nicht so schnell wie erforderlich in den startenden Heißluftballonkorb klettern konnte. Deshalb wurde gemeinsam eine alternative Lösung gefunden. Eine kleine Anmerkung zum Schluss: Natürlich muss eine ressourcen- und bedürfnisorientierte Aktion nicht unter diesen hohen finanziellen und zeitlichen Erfordernissen ablaufen.

Als weiteres Beispiel gilt die Aktion „Zielroute“, die anhand der Ressourcen eines Teilnehmers entstanden ist. Dieser kann lesen und sich verkehrssicher in seinem elektronischen Rollstuhl fortbewegen. Deshalb sollte er in Form einer Einzelaufgabe die Gruppe und PädagogInnen mit Hilfe eines Stadtplanausschnittes von Punkt A nach Punkt B bringen, ohne zu wissen, was an Punkt B sein wird. Diese Punkte waren eingezeichnet, und die Karte wurde im Vorfeld vergrößert, um eine bessere Lesbarkeit der Straßennamen zu gewährleisten. Bedürfnisorientiert wurde Punkt B gewählt, da der Zielort ein Elektronikgeschäft war, für das sich der Teilnehmer interessierte und wo er sich im Anschluss nach den Neuheiten umsehen konnte.

Kreativität der Leitung: Die Leitung nutzt ihre Fantasie, um Aktionen zu entwerfen. Sie orientiert sich bei diesen Aktionsentwürfen nicht an möglichen TeilnehmerInnen. Sie wird in ihrer Kreativität nicht eingegrenzt. Ein Motto oder ein banaler Begriff (z. B. „Foto“) können Ideen freisetzen. Die Leitung konstruiert somit eine Aufgabe um das Grundgerüst „Foto“. Wenn die Leitung am Ende des kreativen Prozesses angelangt ist und eine Aktion entwickelt hat, fragt sie sich, für welche Teilnehmenden die Durchführung sinnvoll ist. Sie wählt die TeilnehmerInnen anhand der Aktion aus. Selbstverständlich wird bei der Auswahl darauf geachtet, dass die Aktion mit den Bedarfen und Ressourcen der AdressatInnen übereinstimmt.

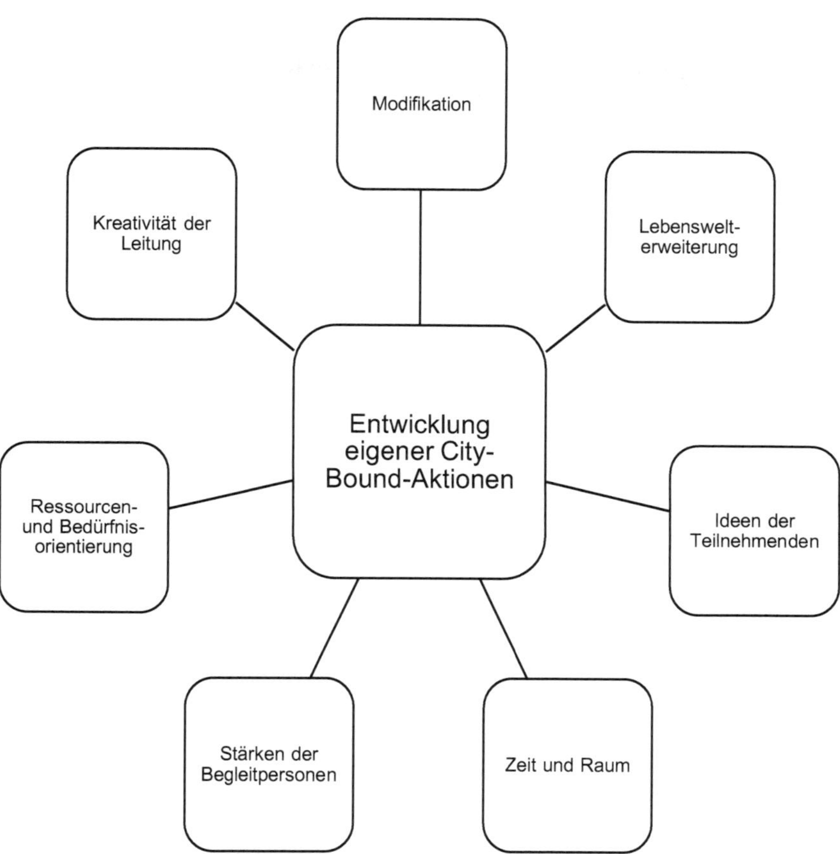

Abb. 19: Entwicklung eigener City-Bound-Aktionen

Teil IV
Reflexion

1 Reflexion – der Schlüssel zum Transfer

„Die Reflexion dient als Vehikel zur Fokussierung auf individuelle Gefühle und Gedanken, auf Abläufe und Interaktionen und auf den Versuch, diese in den persönlichen und beruflichen Kontext des Einzelnen zu integrieren" (Crowther 2005, 110).

Durch City-Bound-Aktionen entstehen vielerlei neue Erfahrungen mit unbekannten Menschen, innerhalb der Gruppe und mit einem selbst. Neue Eindrücke, Gedanken, Gefühle, Erlebnisse, Beobachtungen und Wahrnehmungen gehen einher mit Denkanstößen und Denkprozessen, die verarbeitet werden müssen – auch in Form von Reflexion. City Bound und die damit einhergehenden Erlebnisse verursachen eine organische Erschöpfung. Diese Erschöpfung ist jedoch nicht mit der Müdigkeit, die aufgrund von Passivität einhergeht, vergleichbar. Die Reflexion nimmt einen essentiellen Stellenwert bei City-Bound-Programmen ein, sodass für diese genug Zeit und Raum eingeplant werden muss. Hierbei ist die Auseinandersetzung mit dem Erlebten auch eine Chance, die persönlichen Lebensbedingungen wahrzunehmen und zu verändern (Eichinger 1995). Des Weiteren ermöglichen reflektorische Prozesse, über Konsequenzen von gewissen Verhaltensweisen und Handlungsalternativen zu diskutieren. Verschiedene City-Bound-Programme und Situationen erfordern nicht nur eine Abschlussreflexion, sondern bedürfen Zwischenreflexionen bspw. nach der Durchführung einzelner Aktionen. Denn „wenn der Schuh drückt", sollten die TeilnehmerInnen zeitnah die Möglichkeit haben, zu artikulieren, was sie beschäftigt, aufwühlt, positiv überrascht etc. Da der Einsatzort während der Aktionen zumeist die Stadt oder der urbane Raum und dieser von einem hohen Lautstärkepegel gekennzeichnet ist, muss die Leitung darauf achten, dass insbesondere die Abschlussreflexion in einer ruhigen, von Hektik abstandnehmenden Atmosphäre stattfinden kann.

Die Leitung kann entweder Fragenkomplexe zusammenstellen, die die Reflexionsphasen beinhalten, oder sie bedient sich verschiedener Reflexionsmethoden.

1.1 Reflexionsphasen

Auch während der Reflexion ist ein ganzheitlicher Ansatz zu berücksichtigen. Die Reflexion dient somit nicht nur dem Erfahrungsaustausch. Die Teilnehmenden erhalten die Möglichkeit, die Inhalte („Was ist passiert? Wie habe ich mich dabei gefühlt? Wie kann ich in zukünftigen Situationen handeln?") zu bearbeiten. Die Reflexion unterteilt sich in drei Phasen (Klein/Wustrau 2014):

- 1. Phase: Was sagt dein Kopf?
  - Was hast du gemacht und wie hast du die Aktion umgesetzt?
  - Hast du mehrere Versuche zur Bewältigung der Aktion benötigt?
  - Hattest du Erfolge und Misserfolge? Woran könnte das gelegen haben?
  - Wie haben sich die Menschen dir gegenüber verhalten, wenn du sie angesprochen hast oder wenn du sie in eine Aktion einbinden wolltest?
  - Was konntest du an bestimmten Menschen, Orten und Situationen beobachten und wahrnehmen?
  - ...

In der ersten Phase werden von den TeilnehmerInnen Abläufe und Erlebnisse dargestellt, die subjektiv von Bedeutung sind. In der Erprobung von City Bound kam es in Einzelfällen vor, dass bereits diese erste Phase eine Herausforderung darstellte. So konnte nicht immer benannt werden, welche zwei bis drei City-Bound-Aktionen in den letzten drei Stunden umgesetzt wurden. Deshalb ist es von hoher Bedeutung, zu Beginn der Reflexion mit den TeilnehmerInnen die letzten Stunden zusammenfassend darzustellen, damit die Gefühlswelt (2. Phase: Was sagt dein Herz?) im Anschluss reflektiert werden kann. Denn wie sollen die Teilnehmenden, die sich im Moment der Reflexion an eine bestimmte Aktion nicht erinnern können, erläutern, wie sie sich dabei gefühlt haben?

Offen und stolz erzählten die TeilnehmerInnen im Anschluss der City-Bound-Programme ihren MitbewohnerInnen und BetreuerInnen von den Erfahrungen und Erlebnissen. Eine Kollegin berichtete, dass sie zwei unterschiedliche Aussagen von zwei Teilnehmerinnen, die bei demselben Programm dabei waren, gehört habe. Sie bat die Leitung darum, ihr zu erläutern, welche Aussage der Wahrheit entspreche. Beide Erfahrungsberichte hatten Bestand, denn beides wurde in Form von City-Bound-Aufgaben von den Teilnehmerinnen bewältigt. Mutmaßlich hat die jeweils erläuterte Aktivität dem persönlichen Höhepunkt der einzelnen Teilnehmerinnen entsprochen.

- 2. Phase: Was sagt dein Herz?
  - Was hat dich motiviert / überrascht / verunsichert / gelangweilt / traurig gemacht?
  - Waren deine Erwartungen und Befürchtungen zutreffend?
  - Wie hast du dich gefühlt? Hast du dich in der Gruppe wohlgefühlt?
  - Gab es etwas, das du neu kennengelernt hast?
  - Bist du zufrieden mit dem Ergebnis?
  - Konntest du dich in der Gruppe ausleben oder hast du dich „gebremst“ gefühlt?
  - Welche deiner Eigenschaften wurden von den anderen TeilnehmerInnen geschätzt?
  - Welche Reaktionen und Rückmeldungen von unbekannten InteraktionspartnerInnen waren für dich spannend und wichtig?
  - Kennst du solche Reaktionen aus deinem Alltag? Gab es Verhaltensweisen an Menschen, die du heute neu kennengelernt hast?
  - ...

Im Mittelpunkt der zweiten Phase stehen die Emotionen der AdressatInnen. Die Leitung kann mit Hilfe spezifischer Fragen das eigene Erleben der einzelnen TeilnehmerInnen, die Rolle in der Gruppe und die Deutung der Fremdwahrnehmung thematisieren.

- 3. Phase: Was bedeutet das für dein Handeln (die „Hand“)?
  - Was wird dir zukünftig leichter fallen, wenn du mit unbekannten Menschen konfrontiert bist?
  - In welchen Alltagssituationen musst du noch Durchhaltevermögen, Kampfgeist, Selbstbewusstsein zeigen?
  - Welche neuen Eigenschaften und Verhaltensweisen hast du an dir kennengelernt?
  - Was könntest du zukünftig anders machen als sonst?
  - In welchen Situationen musst du auch gut in der Gruppe zusammenarbeiten?
  - Würdest du die gleiche Aktion beim zweiten Mal anders durchführen?
  - ...

Die dritte Phase beleuchtet nicht nur die vorhandenen Handlungsmuster der TeilnehmerInnen, sie spiegelt auch den Transfer der Lernerfahrungen in den Alltag wider. Diese Übertragung wird in erlebnispädagogischen Kreisen auch als „Homeward Bound“ bezeichnet (Eichinger 1995, 44).

„Es geht nicht um ein einzelnes Faktum, sondern um die Verknüpfung des neu zu Lernenden mit bereits bekannten Inhalten und um die Anwendung des Gelernten auf viele Situationen und Beispiele“ (Spitzer 2006, 161).

Die Praxiserfahrung mit der Zielgruppe Menschen mit Beeinträchtigung hat gezeigt, dass besonders die dritte Phase für die AdressatInnen eine Hürde darstellt. Hier ist die Leitung gefordert, da die Erfahrungen für die TeilnehmerInnen in einen für sie nachvollziehbaren Kontext gepackt werden müssen, um die nicht klar erkennbaren Aspekte der Aktionen in den Alltag zu übertragen. Die Leitung kann durch Fragen (z.B.: „In welchen Situationen ist es in der Wohngruppe ebenso wichtig, um Hilfe zu bitten oder Hilfestellungen zu geben?“) zu einem Transfer anregen. Eichinger (1995) führt an, dass seine TeilnehmerInnen (diese waren nicht beeinträchtigt) von ihm als Leitung Erklärungen forderten, was die einzelnen Aktionen mit ihrem Alltag zu tun haben. Sie konnten den Transfer nicht selbstverständlich leisten und mussten zum eigenen Überlegen bewegt werden (Eichinger 1995). Somit wird deutlich, dass das nicht direkte Erkennen von Alltagszusammenhängen kein Phänomen ist, das nur Menschen mit Beeinträchtigung betrifft.

1.2 Reflexionsmethoden

Die Aufgabe der Leitung besteht nicht nur darin, die Aktionen und Reflexionsprozesse zu begleiten. Sie muss gegebenenfalls zurückhaltende TeilnehmerInnen darin ermutigen, sich mitzuteilen. Die Gefühle und Eindrücke jeder einzelnen Person haben den gleichen Wert. Dieses zu vermitteln, liegt im Aufgabenbereich der Leitung. Außerdem sollte die Leitung Hilfestellungen anführen, um mit den TeilnehmerInnen das eigene Verhalten zu analysieren, damit sie ein Verständnis für sich selbst bekommen. Diesen Sachverhalt formuliert Senninger (2012, 88):

„Reflexion bezeichnet die intellektuelle Rückschau auf die eben gemachte Erfahrung. Sie dient der Erlebnisverarbeitung und Bewusstwerdung. Reflexion ist damit der Versuch sich seiner selbst bewusst zu werden.“

Da es eine unbändige Masse an Reflexionsmethoden gibt, wurde eine Auswahl zusammengestellt, die sich in dem Praxiseinsatz mit Menschen mit Beeinträchtigung bewährt hat:

- **Bildsymbole und Figuren** (Kinne/Theunissen 2013): Die emotionale Befindlichkeit kann mit bildlichen Symbolen (z.B. ein lächelndes oder weinendes Gesicht) dargestellt werden. Ebenso können Figuren (z.B. Plastiktiere, Schlümpfe, Handpuppen), denen gewisse Eigenschaften zugesprochen werden, den Reflexionsprozess erleichtern.
- **Brief an mich selbst** (Klein/Wustrau 2014): Die TeilnehmerInnen schreiben am Ende des Programms einen Brief, der an sich selbst gerichtet ist. Inhalt des Briefes kann beispielsweise die eigene Befindlichkeit und die Darstellung positiver und negativer Empfindungen sein. Alternativ können die Teilnehmenden auch einen Brief an die Eltern, Freunde oder BetreuerInnen verfassen. Nach einem gewissen Zeitraum wird der Brief an die TeilnehmerInnen per Post versendet oder von der Leitung überreicht. Da nicht davon ausgegangen wird, dass alle Menschen schreiben können, können die Leitung und das Betreuungspersonal die Worte der TeilnehmerInnen verschriftlichen. Optimal ist dabei, wenn sie sich in einer Eins-zu-eins-Situation befinden, um andere TeilnehmerInnen nicht zeitintensiv warten zu lassen. Die Reflexion kann alternativ auch in Form einer Sprachnachricht oder als Videoaufnahme festgehalten werden.
- **Daumenkino** (Kinne/Theunissen 2013): Die Befindlichkeit kann mit Hilfe des Daumens dargestellt werden. Daumen nach oben bedeutet: „Mir geht es gut./Ich bin glücklich." Daumen in mittlerer Position bedeutet: „Mir geht es weder gut noch schlecht." Daumen nach unten bedeutet: „Mir geht es schlecht./Ich bin traurig./Ich bin wütend." Die Methode bietet sich besonders gut an, um eine schnelle Rückmeldung der Befindlichkeit während der Aktionen oder unmittelbar danach zu erhalten. Die Leitung hat dadurch die Möglichkeit, frühzeitig Situationen, die „negative" Gefühle bei den TeilnehmerInnen verursachen, ins Positive oder Neutrale zu lenken. Das Daumenkino kann auch gut eingesetzt werden bei Menschen, die in ihrer verbalen Kommunikation benachteiligt sind.
- **Ernte** (Klein/Wustrau 2014): Im Vorfeld des Programms werden Ziele, Wünsche und Erwartungen von den TeilnehmerInnen auf Karteikarten notiert und gesammelt. Am Ende des Programms wird besprochen, welche Ziele und Erwartungen erfüllt werden konnten. Diese werden in einen Behälter/„Erntekorb" gelegt.

- **Fünf-Finger-Reflexion** (Klein/Wustrau 2014): Die fünf Finger einer Hand sind mit unterschiedlichen Bedeutungen verbunden. Die Teilnehmenden können zu jeweils einem Finger einen Satz sagen:

  - Daumen = „Das fand ich super: …“;
  - Zeigefinger = „Darauf möchte ich hinweisen: …“;
  - Mittelfinger = „Das war Mist: …“;
  - Ringfinger = „Was ich für mich mitnehme: …“;
  - kleiner Finger = „Das kam mir zu kurz: …“.

  In der Ausübung dieser Reflexionsmethode mit Menschen mit geistiger Beeinträchtigung müssen manche Sätze vereinfacht formuliert bzw. erläutert werden. Der Satz „Das kam mir zu kurz.“ ist bspw. für mehrere TeilnehmerInnen zu abstrakt. Des Weiteren muss die Leitung deutlich machen, dass nicht zu jedem Satz etwas gesagt werden muss, da ansonsten zu viel Druck ausgeübt wird. Dieser Leitsatz gilt auch für die Reflexionsmethode Statement.
- **Ja-Nein-Aufstellung** (Klein/Wustrau 2014): Die Leitung positioniert zwei Schilder an zwei Stellen, die sich gegenüberliegen. Ein Schild symbolisiert „Ja“, das andere steht für „Nein“. Die Leitung stellt verschiedene Fragen oder äußert Statements, woraufhin die TeilnehmerInnen sich an entsprechende Schilder positionieren können, um eine Zustimmung (Ja-Schild) oder eine Ablehnung (Nein-Schild) zu bekunden, oder sich dazwischen aufstellen (neutrale Haltung). Die Leitung kann die Positionierung einzelner oder aller TeilnehmerInnen hinterfragen und Gespräche initiieren. Dabei ist eine empathische Haltung vorausgesetzt. Statements, die die Leitung bspw. ansprechen kann, sind:

  - Ich habe mich in der Gruppe wohlgefühlt.
  - Ich habe viel zur Lösung der Aufgaben beigetragen.
  - Ich bin stolz auf mich.
  - Ich hatte Angst.
  - …

  Die Schilder müssen nicht mit Worten gekennzeichnet sein. Für nicht-lesende Menschen mit Beeinträchtigung können das Zustimmungsschild bspw. grün und das Ablehnungsschild rot sein.
- **Schlussreflexion** (Klein/Wustrau 2014): Als Abschluss eines Programmes geht man gemeinsam etwas trinken oder versammelt sich an einem Platz, an dem die Reflexion in geselliger Runde ausgeführt werden kann. Die Teil-

nehmenden heben nacheinander ihr Glas, um einen Toast auszusprechen. Positive Erlebnisse des City-Bound-Programms können mit den Worten: „Ich bin dankbar für ..." oder „Ich stoße an auf ..." vervollständigt werden. Erfahrungen, die nicht positiv besetzt sind, können ausgedrückt werden, indem beispielsweise folgender Wortlaut ergänzt wird: „Ich lasse ... hinter mir." Im Anschluss können sich die TeilnehmerInnen und die Leitung über die Äußerungen austauschen.

- **Statements** (Klein/Wustrau 2014): Die Leitung gibt in mehreren Runden einen Satzanfang vor, die die TeilnehmerInnen für sich passend beenden, z. B.:

  - „Ich war aufgeregt, als ...",
  - „Ich war neugierig, als ...",
  - „Ich hätte mir gewünscht, dass ...",
  - „Ich freue mich, dass...",
  - „Ich war gelangweilt, als ...",
  - „Ich war frustriert, dass ..."

Hinweis: Mit den TeilnehmerInnen, die der Lautsprache nicht mächtig sind, sollte ebenfalls reflektiert werden. Das kann in Form von Symbolen, die die Gefühlslage darstellen, stattfinden oder durch gezielte Fragen, die mit Nicken oder Kopfschütteln beantwortet werden können. Es können elektronische und nichtelektronische Hilfsmittel der Unterstützen Kommunikation zum Einsatz kommen (z. B. BLISS-Symbolsystem, Löb-Symbolsystem oder Sprachcomputer/Talker) sowie die Gebärdensprache. Die Reflexionsmethoden „Bildsymbole und Figuren", „Daumenkino" und „Ja-Nein-Aufstellung" setzen keine Lautsprache voraus.

Literatur

Buber, M. (1979): Das dialogische Prinzip. 4. Aufl. Lambert Schneider, Heidelberg

Crowther, C. (2005): City Bound – Erlebnispädagogische Aktivitäten in der Stadt. Ernst Reinhardt, München

Deubzer, B., Feige, K. (2004): Praxishandbuch City Bound. Erlebnisorientiertes soziales Lernen in der Stadt. ZIEL, Augsburg

Ebert, H. (2000): Menschen mit geistiger Behinderung in der Freizeit. Klinkhardt, Bad Heilbrunn

Eichinger, W. (1995): City Bound. Erlebnispädagogik in der Stadt. Sandmann, Alling

Eitle, W. (2012): Basiswissen Heilpädagogik. 3. Aufl. Bildungsverlag EINS, Köln

Fischer, H., Renner, M. (2015): Heilpädagogik. Heilpädagogische Handlungskonzepte in der Praxis. 2. Aufl. Lambertus, Freiburg im Breisgau

Gilsdorf, R., Kistner, G. (2015): Kooperative Abenteuerspiele 1. Eine Praxishilfe für Schule, Jugendarbeit und Erwachsenenbildung. 22. Aufl. Kallmeyer, Seelze

Greving, H., Ondracek P. (2014): Handbuch Heilpädagogik. 3. Aufl. Bildungsverlag EINS, Köln

Grigowski, S. (2012): City Bound. Das Erleben und Lernen in der Großstadt. Diplomica, Hamburg

Heckmair, B., Michl, W. (2018): Erleben und Lernen – Einführung in die Erlebnispädagogik. 8. Aufl. Ernst Reinhardt, München

Kamer, T. (2017): Abenteuer planen? Didaktisches Handeln in Erlebnispädagogik und Outdoortraining. Ernst Reinhardt, München

Kinne, T., Theunissen, G. (Hrsg.) (2013): Erlebnispädagogik in der Behindertenarbeit. Konzepte für die schulische und außerschulische Praxis. Kohlhammer, Stuttgart

Klein, T., Wustrau, C. (2014): Abenteuer City Bound. Spielideen für soziales Lernen in der Stadt. Kallmeyer, Seelze

Michl, W. (2020): Erlebnispädagogik. 4., aktual. Aufl. Ernst Reinhardt, München

Moor, P. (1974): Heilpädagogik. Ein pädagogisches Lehrbuch. 3. Aufl. Hans Huber, Bern

Senckel, B. (2010): Mit geistig Behinderten leben und arbeiten. 9. Aufl. C. H. Beck, München

Senninger, T. (2012): Abenteuer leiten – in Abenteuern lernen. 6. Aufl. Ökotopia, Münster

Spitzer, M. (2006): Lernen. Gehirnforschung und die Schule des Lebens. Springer, Heidelberg

Theunissen, G. (2011): Geistige Behinderung und Verhaltensauffälligkeiten. Ein Lehrbuch für die Schule, Heilpädagogik und außerschulische Behindertenhilfe. 5. Aufl. Klinkhardt, Bad Heilbrunn

Weiss, G. (2013): Heilpädagogische Rhythmik. Ein Angebot für Kinder, Jugendliche und Erwachsene. In: Theunissen, G., Wüllenweber, E. (Hrsg.): Zwischen Tradition und Innovation. Methoden und Handlungskonzepte in der Heilpädagogik und Behindertenhilfe. 2. Aufl. Lebenshilfe-Verlag, Marburg